AUTORIN: CHANTAL SANDJON
FOTOS: OLIVER BRACHAT

Rainbow Kitchen

GESUND IST,
WER BUNT ISST!

Rainbow Kitchen

GESUND IST, WER BUNT ISST!

DIE GU-QUALITÄTS-GARANTIE

Wir möchten Ihnen mit den Informationen und Anregungen in diesem Buch das Leben erleichtern und Sie inspirieren, Neues auszuprobieren. Bei jedem unserer Bücher achten wir auf Aktualität und stellen höchste Ansprüche an Inhalt, Optik und Ausstattung. Alle Rezepte und Informationen werden von unseren Autoren gewissenhaft erstellt und von unseren Redakteuren sorgfältig ausgewählt und mehrfach geprüft. Deshalb bieten wir Ihnen eine 100%ige Qualitätsgarantie.

Darauf können Sie sich verlassen:
Wir legen Wert darauf, dass unsere Kochbücher zuverlässig und inspirierend zugleich sind. Wir garantieren:
• dreifach getestete Rezepte
• sicheres Gelingen durch Schritt-für-Schritt-Anleitungen und viele nützliche Tipps
• eine authentische Rezept-Fotografie

Wir möchten für Sie immer besser werden:
Sollten wir mit diesem Buch Ihre Erwartungen nicht erfüllen, lassen Sie es uns bitte wissen! Wir tauschen Ihr Buch jederzeit gegen ein gleichwertiges zum gleichen oder ähnlichen Thema um. Nehmen Sie einfach Kontakt zu unserem Leserservice auf. Die Kontaktdaten unseres Leserservice finden Sie am Ende dieses Buches.

GRÄFE UND UNZER VERLAG
Der erste Ratgeberverlag – seit 1722.

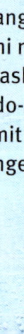

UMSCHLAGKLAPPE HINTEN

In drei Schritten zu mehr Rainbow-Power
1001 Schüsseln: Wie mache ich eine
Rainbow-Bowl?

SEKUNDÄRE PFLANZENSTOFFE

LASSEN SIE SICH VON DER BEZEICHNUNG NICHT VERWIRREN: WAS UNSERE ERNÄHRUNG BETRIFFT, SIND DIESE SUBSTANZEN WEDER ZWEITRANGIG NOCH ZWEITKLASSIG. VIELMEHR BESITZEN SIE ERSTAUNLICH VIELE POSITIVE EIGEN-SCHAFTEN, DIE WIR UNS ZUNUTZE MACHEN KÖNNEN.

PFLANZENKRAFT IST ERSTE WAHL

Pflanzliche Lebensmittel enthalten viel Gutes für unseren Körper und damit auch für unsere Gesundheit, keine Frage. Doch meist führen wir dies allein auf die Vitamine und Mineralien zurück, sekundäre Pflanzenstoffe lassen wir außen vor. Dabei belegen immer mehr Studien, dass ein Großteil der Heilwirkung und präventiven Kraft pflanzlicher Lebensmittel gerade auf diese Substanzen zurückzuführen ist.

»Sekundär« bezieht sich nämlich nicht auf ihre Wirkung, sondern darauf, dass sie im Sekundärstoffwechsel der Pflanzen gebildet werden. Das Überleben der Pflanzen ist somit nicht unabdingbar an diese Stoffe geknüpft. Dennoch haben sie wichtige Aufgaben, etwa als Lockstoff (leuchtende Färbung oder lieblicher Duft) oder Schutzmechanismus (bitterer Geschmack oder antibakterielle Wirkung).

Studien, die ihre Wirkung auf den Menschen im Einzelnen und im Detail belegen, gestalten sich leider oftmals schwierig. Grund hierfür ist, dass sekundäre Pflanzenstoffe in einem Zusammenspiel agieren und ihre Wirkung gegenseitig potenzieren, sodass der positive Effekt einzelner Flavonoide schwer herauszufiltern ist. Dennoch mehren sich die wissenschaftlichen Belege für ihre pflanzliche Wunderkraft.

Übrigens sind sekundäre Pflanzenstoffe unter einer Reihe von Begriffen bekannt. »Phyto« bedeutet im Griechischen »pflanzlich«. Das erklärt, warum diese Substanzen auch als Phytochemikalien, Phytonährstoffe oder Phytamine bezeichnet werden.

FLAVONOIDE, CAROTINOIDE & CO.

Bei ihrer Entdeckung 1930 wurden sie noch als Vitamin P bezeichnet, heute werden sie als sekundäre Pflanzenstoffe eingestuft: Flavonoide, die mit etwa 6 500 verschiedenen Substanzen die größte Gruppe der Phytonährstoffe bilden.

Sie sind für die Färbung der meisten Obst- und Gemüsesorten verantwortlich. Anthocyanen verdanken wir etwa die dunkelblaue Farbe der Heidelbeeren, Bioflavonoide wie beispielsweise Hesperidin befinden sich in Zitrusfrüchten (siehe S. 10 und S. 11).

Ähnlich weit verbreitet in der Pflanzenwelt sind Carotinoide. Sie befinden sich vor allem in orangefarbenen und gelben Gemüsen und Früchten, aber auch in grünem (Blatt-)Gemüse. Sowohl Flavonoide als auch Carotinoide wirken stark antioxidativ und antikarzinogen.

Daneben gibt es eine Reihe an Phytaminen, die ebenfalls unsere Gesundheit fördern und aufrecht erhalten: Alkaloide wie das anregende Theobromin und Koffein in Kakao und Kaffee. Glucosinolate oder Senfölglykoside, die Senf, Kohl und Rettich ihre Schärfe geben (siehe S. 12). Tannine, welche aufgrund ihrer Verwendung beim Gerben von Tierhäuten auch Gerbstoffe genannt werden und unter anderem in Beeren vorkommen. Punicalagine in Granatäpfeln sind zum Beispiel wirksam bei Candida albicans-Befall (Candidose).

Weniger bekannt, aber mit ähnlich starker Wirkkraft: Phenolsäuren. Hierunter fallen zum Beispiel Ellagsäure in Beeren (siehe S. 8), Gallussäure im Rhabarber und Kaffeesäure in Kaffeebohnen. Auch sie wirken antioxidativ und schützen vor DNA-Schäden.

PHYTONÄHRSTOFFE – DIE WELT DER PFLANZLICHEN FARBPOWER

SIE GEBEN OBST UND GEMÜSE IHRE CHARAKTERISTISCHE FÄRBUNG, IHREN BESONDEREN DUFT UND EINZIGARTIGEN GESCHMACK. DOCH NICHT NUR DAS: SIE WIRKEN SICH AUCH POSITIV AUF UNSERE GESUNDHEIT AUS. TAUCHEN SIE EIN IN DIE VIELFÄLTIGE WELT DER PFLANZLICHEN GESUNDMACHER!

ROT

Lycopin gehört zur weit verbreiteten Gruppe der Carotinoide.

Wirkung: Es unterstützt die Gesundheit des Urintrakts und beugt Krebs vor, vor allem Prostata-, Lungen und Magenkrebs. Es bekämpft freie Radikale und schützt so unser Immunsystem und unsere Gesundheit. Außerdem verringert Lycopin ersten Studien zufolge auch das Risiko für Herz-Kreislauf-Erkrankungen, indem es den LDL-Cholesterinspiegel senkt und sich positiv auf hohen Blutdruck auswirkt.

Vorkommen: Lycopin findet sich in Tomaten und Hagebutten, außerdem in Wassermelonen, Guaven und Pink Grapefruits. Wichtig ist: Kochen und Erhitzen erhöht die Verfügbarkeit

von Lycopin für den Körper, gerade bei Tomaten lässt sich dies gut nutzen.

Ellagsäure ist ein Polyphenol, dem in Studien bereits eine krebsvorbeugende Wirkung nachgewiesen werden konnte.

Wirkung: Ellagsäure wirkt entzündungshemmend und antikarzinogen. Dabei kann sie nicht nur die Entwicklung bereits bestehender Tumore eindämmen und Krebszellen zerstören, sondern auch zur Krebsvorbeugung

genutzt werden. Ersten Studien zufolge ist ihr krebsvorbeugendes Potenzial in Synergie mit anderen Phytonährstoffen wie Quercetin und Resveratrol (siehe S. 10) am höchsten.

Vorkommen: Ellagsäure ist in Granatäpfeln, Himbeeren, Brombeeren, Erdbeeren, Cranberrys und auch in Walnüssen und Pekannüssen vorhanden.

Quercetin ist nicht nur in rotem Obst und Gemüse enthalten, kann aber in dieser Form unserem Körper gut und in großen Mengen zugeführt werden. Es verbirgt sich vor allem in der Schale, deshalb sollte Obst möglichst ungeschält konsumiert werden.

Wirkung: Es hat eine stark antioxidative Wirkung, ähnlich der von Vitamin A, C und E. Es ist ebenfalls stark krebshemmend. Außerdem wirkt Quercetin entzündungshemmend und agiert unter anderem wie ein Antihistamin. Somit kann es vorbeugend und lindernd bei Allergien eingesetzt werden. Es reduziert auch die Harnsäurebildung und kann dadurch die Behandlung von Gicht unterstützen. Auch bei Herz- und Gefäßkrankheiten wie etwa Arteriosklerose und bei Durchblutungsstörungen wirkt Quercetin förderlich. Seine blutdrucksenkende Wirkung wurde bereits wissenschaftlich belegt. Überdies hat Quercetin in einem Versuch mit Mäusen ihre Anfälligkeit für Grippe und andere Infekte erheblich reduziert.

Vorkommen: Es ist in Weintrauben (und damit auch in Wein), Äpfeln, Cranberrys, Brombeeren, Preiselbeeren und auch in Zwiebeln, grünem Tee, Brokkoli und Grünkohl vorhanden.

BLAU UND VIOLETT

Der Begriff **Anthocyan** setzt sich aus den altgriechischen Wörtern ánthos (»Blüte«) und kyáneos (»dunkelblau«) zusammen.

Wirkung: Anthocyan ist eines der kraftvollsten Antioxidantien, es wirkt stark zellschützend und -regenerierend. Somit ist es auch wichtig, um Anzeichen vorzeitiger Alterung zu vermeiden oder zu reduzieren. Außerdem hat es eine entzündungshemmende und krebsvorbeugende Wirkung.

Vorkommen: Es findet sich am reichhaltigsten in dunklen Beeren wie Brombeeren und Heidelbeeren, Acai-Beeren, Aronia, dunklen Weintrauben, Kirschen und Rotkohl.

Resveratrol gehört zur Gruppe der Phytoalexine, welche die Pflanze zum Schutz vor Pilzen und Bakterien bildet.

Wirkung: Es stärkt das Immunsystem und reduziert Entzündungen, repariert DNA-Schäden, schützt die Leber und ist ein starker Radikalfänger. In Studien wurde die Entwicklung von Tumoren durch Resveratrol eingedämmt oder gar zum Stillstand gebracht. Wirkt außerdem verjüngend und reduziert die Zeichen vorzeitiger Alterung wie etwa Falten. Ersten Studien zufolge ist es auch ein CR-Mimetikum (CR steht für »Calorie Reduction«), das heißt, es aktiviert die gleichen biochemischen Prozesse, die für den lebensverlängernden Effekt von Kalorienreduktionen verantwortlich sind.

Vorkommen: Vor allem in dunklen Weintrauben und damit auch in Rotwein, daneben auch in Erdnüssen und Maulbeeren.

WEISS

Allicin ist ein instabiler Wirkstoff im Knoblauch (allium sativum), – auch in Zwiebeln, Spargel, Fenchel und Litschis – der direkt nach dem Pressen oder Schneiden in höchster Konzentration vorhanden ist.

Wirkung: Allicin wirkt stark antibakteriell, senkt den Cholesterinspiegel und beugt Herz-Kreislauf-Erkrankungen vor.

Anthoxanthine sind Pflanzenfarbstoffe, die für eine weiße und hellgelbe Färbung von Pflanzenteilen verantwortlich sind.

Wirkung: Sie sind antioxidativ, entzündungshemmend und krebsvorbeugend und haben somit positive Effekte für die Herzgesundheit.

Vorkommen: in Blumenkohl, Kartoffeln, Zwiebeln, Pilzen, Bananen und Pastinaken.

ORANGE UND GELB

Alpha- und **Betacarotin** sowie **Beta-Cryptoxanthin** sind Carotinoide, die den Pflanzen ihre schöne orangefarbene oder gelbe Färbung geben.

Wirkung: Im Körper werden diese Carotinoide zu Provitamin A umgewandelt – essenziell für unsere Augen, fürs Immunsystem und unsere Knochengesundheit. Sie sind zudem kraftvolle Antioxidantien und Radikalfänger. Die Einnahme von Beta-Cryptoxanthin hat in Studien zum Beispiel das Lungenkrebsrisiko bei Probanden um 30 Prozent gesenkt.

Vorkommen: Möhren, Aprikosen, Zitrusfrüchte, Paprika, Pfirsiche, Nektarinen, Kürbisse, Süßkartoffeln, gelbe und orangefarbene Tomaten, Kaki, Papaya, Kurkuma, Ingwer.

Zeaxanthin und **Lutein** gehören ebenfalls zur Stoffklasse der Carotinoide.

Wirkung: Gemeinsam halten diese Phytonährstoffe unsere Augen gesund und wirken der Entstehung von Katarakten und Hornhaut-Degeneration entgegen. Auch die schädliche Wirkung von UVB-Strahlen der Sonne kann durch diese zwei Flavonoide reduziert werden. Zudem wirken sie stark antioxidativ.

Vorkommen: gelbe und orangefarbene Paprika, Mais, gelbe und orangefarbene Tomaten, jedoch auch grünes Gemüse wie Spinat, Brokkoli und Grünkohl, hier übertönt das Grün des Chlorophylls die Gelbfärbung.

Hesperidin ist ein Flavonoid, das sich vor allem in den Schalen von Zitrusfrüchten und ihrer weißen Innenschicht verbirgt.

Wirkung: Es schützt Herz und Kreislauf, fördert die Durchblutung und senkt den Blutdruck. Es wirkt außerdem beruhigend in Stresssituationen. In Tierversuchen hat es die Entstehung von Morbus Alzheimer eingedämmt.

Vorkommen: Vor allem in Orangen, aber auch in anderen Zitrusfrüchten.

Nobiletin hat in Experimenten Mäuse bei kalorienreicher Nahrung davor bewahrt, Übergewicht zu entwickeln.

Wirkung: Nobiletin kann der Entwicklung von Diabetes, Übergewicht und metabolischem Syndrom entgegenwirken. Im Tiermodell kurbelte es die Fettverbrennung an, während es gleichzeitig die Fettproduktion und -einlagerung hemmte – all das bei einer stark fett- und zuckerhaltigen Ernährung. Die Wirkung betrug dabei ein zehnfaches von Naringenin, das in Grapefruits enthalten ist. Außerdem hat es einen positiven Effekt auf den Cholesterinspiegel und dämmt ersten Forschungsergebnissen zufolge auch die Entwicklung von Osteoporose ein.

Vorkommen: Vor allem in Mandarinen und dort am stärksten in der Schale.

GRÜN

Chlorophyll ist kein sekundärer Pflanzenstoff, denn dieses Pigment ist unabdingbar für die Fotosynthese der Pflanzen und damit für ihre Energiegewinnung.

Wirkung: Es lindert Anämie und hilft bei Bluterkrankungen; es ist wichtig für den Sauerstofftransport im Blut und die Zellregeneration, denn es fördert die Produktion roter Blutkörperchen. Chlorophyll wirkt außerdem stark harmonisierend auf den Körper, bringt den Säure-Basen-Haushalt wieder ins Gleichgewicht und fördert eine gesunde Darmflora. Es ist stark krebsvorbeugend und hat in Studien auch Erfolge in der Krebstherapie gezeigt. Es schützt zudem die Lungen und verringert die Wirkung schädlicher Umwelteinflüsse wie Luftverschmutzung auf unsere Gesundheit.

Vorkommen: In grünem Gemüse und in grünschaligem Obst. Auch in Getreidegräsern wie Weizengras und Algen wie Spirulina, vor allem in Blattgemüse, Kräutern und Wildkräutern wie Löwenzahn, Feldsalat, Spinat, Petersilie, Basilikum, Salat, Mangold, Grünkohl.

Das kraftvolle Antioxidans **Sulforaphan** ist ein Senfölglykosid, das vor allem in Kreuzblütlern zu finden ist.

Wirkung: Nicht nur ist die krebsvorbeugende Wirkung von Sulforaphan, in Studien belegt, sondern auch die krebsbekämpfende Wirkung, insbesondere gegen Bauchspeicheldrüsenkrebs. Sein besonderes Wirkpotenzial gegen freie Radikale liegt darin, dass es nur indirekt gegen sie tätig wird, indem es im Körper Enzyme zur Bekämpfung aktiviert und so weitaus länger und effizienter als andere Antioxidantien agieren kann. Es lindert außerdem die Symptome von Atemwegserkankungen.

Vorkommen: Vor allem in Brokkoli, Blumenkohl und Rosenkohl, aber auch in anderen Kohlarten.

Epigallocatechingallat (EGCG) befindet sich vor allem in grünem Tee.

Wirkung: EGCG ist ein starkes Antioxidans, das auch vor DNS-Schäden schützt. Es fördert die Gefäßgesundheit und hat in Selbstexperimenten und Tierversuchen Erfolge bei Herz-Kreislauf-Erkrankungen und Krebs gezeigt. Auch bei der Behandlung von Alzheimer legen Studienergebnisse einen positiven Effekt von EGCG nahe.

Vorkommen: In grünem Tee, nur in geringem Maße auch in schwarzem Tee vorhanden.

Isothiocyanate werden auch als Senföle bezeichnet und sorgen für den scharfen Geschmack vieler Pflanzen.

Wirkung: Senföle wirken krebsvorbeugend und -bekämpfend. Unter anderem haben sie in Studien zur Selbstvernichtung von Krebszellen geführt, der sogenannten Apoptose.

Vorkommen: Vor allem in Brokkoli, aber auch in Senf, Weißkohl, Blumen- und Rosenkohl, Rettich, Radieschen, Meerrettich und Kresse.

DIE TOP 10 DER RAINBOW-FOODS FÜR DIE GESUNDHEIT

ESSEN SIE SICH DURCH DEN REGENBOGEN UND ENTDECKEN SIE DABEI DIE GEHEIMEN SUPERKRÄFTE, DIE SICH SELBST IN GANZ ALLTÄGLICHEN LEBENSMITTELN VERBERGEN.

1. ÄPFEL: Sie sind reich an Antioxidantien und Flavonoiden sowie dem Fettkiller und Immunstärker Vitamin C. Ihr hoher Gehalt des Ballaststoffes Pektin fördert die Verdauung und führt zu stärkerer Sättigung. Wer zwei oder mehr Äpfel am Tag isst, kann dadurch sogar seinen LDL-Cholesterinspiegel reduzieren.

2. BROKKOLI: Er wirkt stark krebsvorbeugend. Außerdem lässt sich mit seinem hohen Folsäuregehalt selbst der erhöhte Tagesbedarf von Schwangeren decken. Brokkoli ist ein wahrer Mineralienschatz und enthält reichlich Eisen, Zink und Kalzium, aber auch die antioxidativ wirkenden Vitamine C und E sowie Betacarotin (Provitamin A). Dementsprechend positiv wirkt er sich auf das Immunsystem und die Krankheitsprävention aus.

3. INGWER: Er beugt Übelkeit vor, löst Blähungen und hilft bei Magenkrämpfen. Darüber hinaus wirkt er stark entzündungshemmend und antibakteriell, regt den Kreislauf an und schützt vor Infekten. Verantwortlich für seine Wirkkraft sind vor allem die Phytamine Gingerol und Shogaol, die auch für die markante Schärfe von Ingwer sorgen.

4. HEIDELBEEREN: Genau wie ihre beerigen Kameraden sind sie heimische Superfoods der Extraklasse. In Studien haben sie ihre Wirkung bei Sehproblemen und Harnwegsinfektionen bewiesen, bei Durchfall sind sie schon seit jeher als Hausmittel bekannt. Und ihr hoher Vitamin C- sowie Anthocyan-Gehalt sorgt für ihre entzündungshemmende, antioxidative und antiinfektiöse Wirkung.

5. WILDKRÄUTER: Sie sind die unscheinbaren Rebellen am Wegesesrand und in unserer Küche. Dabei überzeugt ihr kräftiger Geschmack und ihr einzigartiges Nährstoffprofil: Brennnesseln enthalten zum Beispiel 5-mal so viel Kalzium wie Spinat und 50-mal so viel Eisen wie Kopfsalat. Außerdem sind sie besonders reich an Chlorophyll (siehe S. 12).

6. ANANAS: Meist wird er herausgeschnitten, aber nein! Im Strunk der Ananas liegt wahres Gold verborgen: Hier befindet sich nämlich das eiweißspaltende und entzündungshemmende Enzym Bromelain. Außerdem verbessert es die Durchblutung von Arterien und zügelt den Appetit.

2

10. SÜSSKARTOFFELN: Mit der Speisekartoffel teilt sie nur den Namen, die beiden sind weder verwandt noch verschwägert. Sie ist eine hervorragende Quelle für das Haut- und Herz-Vitamin E. Die orangefleischigen Sorten enthalten zudem besonders viel Carotin.

7. ROTE PAPRIKA: Sie ist reich an Antioxidantien, die als Radikalfänger und Antikarzinogene agieren. Eine Schote deckt fast den gesamten Tagesbedarf an Vitamin C, selbst Zitronen stellt sie damit in den Schatten.

8. FELDSALAT: Schon eine Handvoll Feldsalat deckt etwa den halben Tagesbedarf an Provitamin A. Außerdem enthält er ätherische Baldrian-Öle, die sich – genau wie sein hoher Magnesiumgehalt – positiv auf unsere Nerven auswirken.

9. GRANATAPFEL: Die schöne Frucht, ursprünglich in Asien beheimatet, ist reich an Phytonährstoffen wie Anthocyanen und Ellagsäure. Letztere wirkt entzündungshemmend und antikarzinogen. Auch auf Herz und Kreislauf haben sich Granatäpfel in Studien positiv ausgewirkt. Zudem sind sie reich am entwässernden Mineralstoff Kalium.

15

DIE REGENBOGEN-KÜCHE
IN DER PRAXIS

VERSUCHEN SIE, ÜBER DEN TAG VERTEILT EINE VIELFALT AN FARBEN AUF DEM TELLER UND IM GLAS ZU GENIESSEN, DENN SIE REPRÄSENTIERT DIE VIELFALT AN HEILKRÄFTEN, DIE UNS DIE NATUR ZU BIETEN HAT.

NATÜRLICH GANZ NATÜRLICH – ESSEN IM EINKLANG MIT DER NATUR

Die Basis der Rainbow-Kitchen ist frisches Obst und Gemüse, das möglichst reif und wenig verarbeitet auf den Tisch kommt. Bevorzugen Sie Bio-Lebensmittel aus regionalem Anbau: Sie gewährleisten Qualität ohne eine unerwünschte Extraportion an Pestiziden! Auch Schwermetallrückstände sind in Bio-Ware deutlich geringer als bei konventionellen Erzeugnissen. Und selbst wenn die Meinungen zum höheren Vitamin- und Mineralstoffgehalt von biologischem Obst und Gemüse nach wie vor auseinandergehen, hat eine Studie 2014 zumindest eindeutig festgestellt, dass der Antioxidantiengehalt bei Bio-Produkten um 20 bis 40 Prozent höher ist.

Außerdem setzt sich die Bio-Branche seit Jahrzehnten für Regionalität und somit auch für eine saisonale Ausrichtung der Ernährung ein. Was früher selbstverständlich war, muss auch heute verstärkt wieder in den Fokus gerückt werden: Jede Obst- und Gemüsesorte besitzt ihre eigene Reife- und Erntezeit im regionalen Feldanbau. Während dieser Zeit entwickelt sie einen intensiven Geschmack und enthält die meisten sekundären Pflanzenstoffe und Vitamine – ideal zur Verwendung in leckeren Rainbow-Rezepten. Auch ersparen regionale und saisonale Lebensmittel lange Transportwege, so tragen sie zum Schutz unserer Rohstoffe bei. Plus: Saisonale Erzeugnisse bieten hohe Qualität zu einem oftmals kleineren Preis!

PFLANZLICH UND NATURBELASSEN: OHNE GROSSEN AUFWAND

Die meisten Rainbow-Rezepte sind rein pflanzlich, denn die natürlichen Zutaten aus der Natur überzeugen auch ganz auf sich alleine gestellt. Wenn Sie also schon immer mal wissen wollten, was es mit dem Vegan-Trend so auf sich hat oder einfach mehr pflanzliche Rezepte in Ihren Alltag einbauen wollen, ist die Rainbow-Kitchen Ihr perfekter Begleiter. Sie ist mit jeder Ernährungsweise kombinierbar, denn sie garantiert, dass wir ein Maximum an Vitalstoffen zu uns nehmen – etwas, das wir alle in unserer Ernährung gebrauchen können.

Und das beste: Alle Rezepte, vom Drink bis zum Dessert, stecken nicht nur voller Pflanzenkraft, sondern sind auch so naturbelassen wie möglich. Auf diese Weise werden Sie Ihren Lieblings-Burger genauso wenig vermissen wie den zuckrigen Kuchen aus der SB-Bäckerei – für all dies (und noch viel mehr!) gibt es in der Rainbow-Kitchen gesunde Alternativen, die voller Phytamine, Antioxidantien und Mineralien stecken.

Mit der Rainbow-Kitchen müssen Sie also nicht von heute auf morgen Ihre Ernährung komplett umstellen. Je mehr Rezepte Sie jedoch in Ihren Alltag integrieren, desto mehr natürliche Lebensmittel konsumieren Sie und desto weniger Platz bleibt für künstliche und industriell produzierte Kost. Morgens ein roter Smoothie, mittags ein bunter Salat, abends eine tolle Zucchinipasta mit Tomatensauce und zwischendurch gelbe Paprika zum Knabbern und blaue Heidelbeeren zum Naschen. So gewinnt der kulinarische Regenbogen zunehmend an Raum und verwandelt damit auch Ihr Leben und Ihre Gesundheit mit seiner kunterbunten Wunderkraft!

RAINBOW-DRINKS

HABEN SIE SCHON EINMAL DEN REGENBOGEN GESCHMECKT?
DIES IST IHRE CHANCE: DENN HIER FINDEN SIE EINFACHE,
UNGLAUBLICH FARBINTENSIVE UND NÄHRSTOFFREICHE DRINKS,
DIE DIE GANZE BANDBREITE DES REGENBOGENS WIEDERGEBEN –
UND ALL DIE DAMIT VERBUNDENEN HEILKRÄFTE.
NATÜRLICHER AUGENSCHMAUS IM GLAS!

Sättigt und entspannt

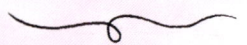

CREMIGER ERDBEERTRAUM

CA. 10 MIN. | 30 MIN. EINWEICHEN | PRO GLAS CA. 205 KCAL, 5 G EW, 13 G F, 14 G KH

FÜR 4 GLÄSER

3 EL Chia-Samen, 350 g Erdbeeren, 1 Banane, 1 TL Honig, Zimtpulver, 200 g Kokosmilch

1

Die Chia-Samen in ca. 300 ml Wasser ca. 30 Min. einweichen (bei Hochleistungsmixern kann dieser Schritt entfallen). Die Erdbeeren waschen und das Blattgrün entfernen. Die Banane schälen und vierteln.

2

Die eingeweichten Chia-Samen mitsamt Einweichwasser, die Erdbeeren und Bananenstücke in den Mixer geben. Den Honig und 1 Prise Zimtpulver sowie die Kokosmilch hinzufügen. Alles fein pürieren und auf vier Gläser verteilen.

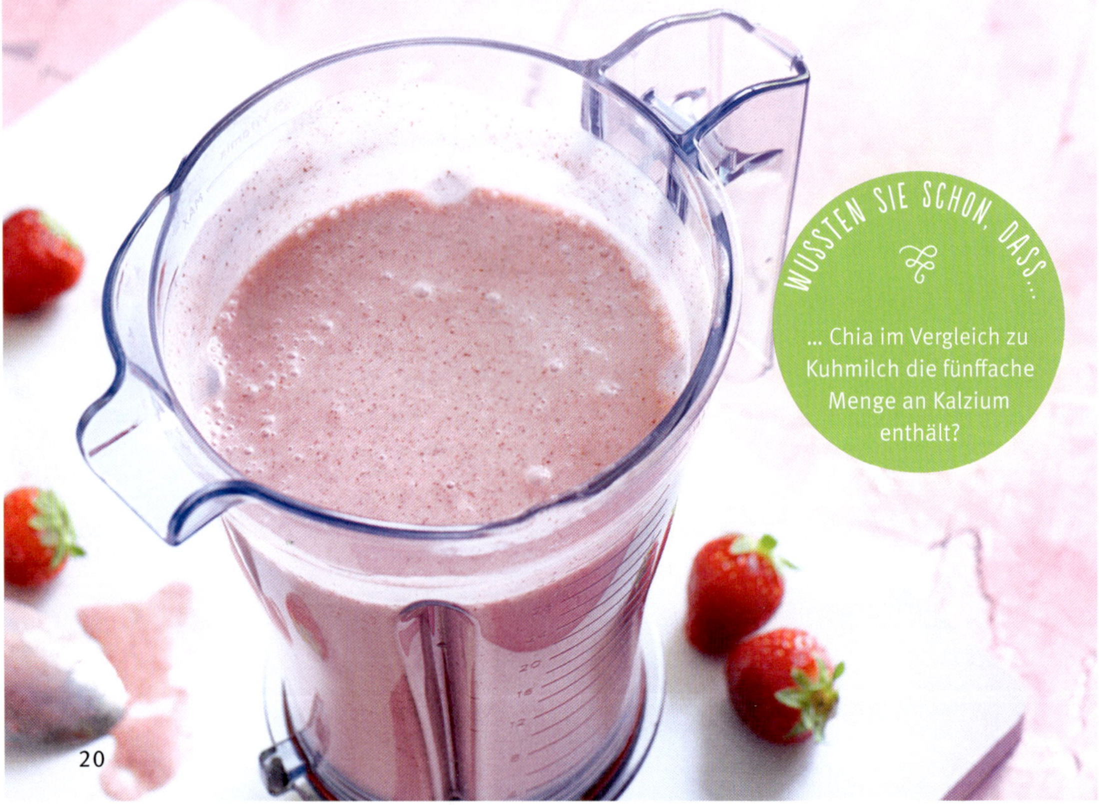

WUSSTEN SIE SCHON, DASS…

… Chia im Vergleich zu Kuhmilch die fünffache Menge an Kalzium enthält?

Bringt Energie und Vitalität

HONEY & VANILLA

CA. 10 MIN. | PRO GLAS CA. 145 KCAL, 2 G EW, 2 G F, 29 G KH

FÜR 4 GLÄSER

1 Honigmelone, 1 Banane, 1 Vanilleschote, 1 TL Honig, 250 ml Mandeldrink

Die Honigmelone vierteln und das Fruchtfleisch von der Schale schneiden. Die Kerne entfernen (bei Hochleistungsmixern können einige Kerne
mit verwendet werden). Das Fruchtfleisch grob würfeln und in
den Mixer geben.

Die Banane schälen und vierteln. Die Vanilleschote längs halbieren und
das Mark herauskratzen (bei Hochleistungsmixern kann die ganze Schote
verwendet werden). Banane und Vanille in den Mixer geben und den
Honig hinzufügen. Den Mandeldrink sowie 100 ml Wasser dazugießen.
Alle Zutaten fein pürieren und auf vier Gläser verteilen.

HERBSTROT-SAFT

CA. 10 MIN. | PRO GLAS CA. 120 KCAL, 4 G EW, 1 G F, 25 G KH

FÜR 4 GLÄSER

1 kg Rote Bete, 5 Mandarinen, 1 Apfel, ½ Bio-Zitrone,
1 Stück Ingwer (1 cm lang)

Die Roten Beten putzen und waschen oder schälen. Die Knollen so klein schneiden, dass sie in den Entsafter passen. Die Mandarinen schälen und halbieren. Den Apfel waschen und ebenfalls klein schneiden.

Die Zitronenhälfte heiß waschen und klein schneiden. Den Ingwer schälen. Alle Zutaten Stück für Stück in den laufenden Entsafter geben. Den Herbstrot-Saft auf vier Gläser verteilen und genießen.

WUSSTEN SIE SCHON, DASS...

... Rote-Bete-Saft nach dem Sport Muskelverspannung entgegenwirkt?

──── GESUNDHEITS-PLUS ────

Wer Mandarinen in Bio-Qualität erhält und den leicht bit-
teren Geschmack der Schale mag, sollte die Früchte – wie
auch die Zitrone – mit der Schale entsaften. Dort stecken bei
den Zitrusfrüchten besonders viele Nährstoffe mit Heilwirkung, die sonst verlorengehen. Sie enthält große Mengen
an sekundären Pflanzenstoffen und ätherischen Ölen,
die krebshemmend wirken, entgiften und das Risiko für
Herz-Kreislauf-Krankheiten reduzieren. Außerdem verbirgt
sich im weißen Inneren der Schale und den Fasern besonders viel Hesperidin und Nobiletin. Sie wirken stark entzündungshemmend, schützen vor Herz-Kreislauf-Erkrankungen
und senken den »schlechten« LDL-Cholesterinspiegel.

SUNSHINE-SLIM

CA. 10 MIN. | PRO GLAS CA. 65 KCAL, 1 G EW, 0 G F, 14 G KH

FÜR 4 GLÄSER

½ Ananas, ½ Apfel, 1 Orange, 1 Stück Ingwer (1 cm lang), 1 kleine Chilischote, Ananasstücke und Apfelspalten zum Garnieren (nach Belieben)

Die Ananashälfte schälen und würfeln. Die Apfelhälfte waschen, entkernen und klein schneiden. Die Orange schälen und in Spalten teilen.
Das Obst in den Mixer geben.

Den Ingwer schälen und halbieren. Die Chilischote halbieren, Kerne
entfernen und die Hälften waschen. Ingwer und Chili in den Mixer geben,
400 ml Wasser dazugeben und alles fein pürieren.
Auf vier Gläser verteilen und nach Belieben mit Ananasstücken und
Apfelspalten garnieren.

GESUNDHEITS-PLUS

Unter der harten Schale der Ananas verbirgt sich eine Vielfalt
an Vitalstoffen, die uns ideal beim Abnehmen unterstützen
können: Magnesium ist ein mineralischer Schlankmacher,
der für den Fettabbau (Lipolyse) unabdingbar ist. Außerdem
ist es – ebenso wie das in der Ananas enthaltene Zink – an
wesentlichen Stoffwechselprozessen im Körper beteiligt.
Das wahre Slimming-Geheimnis der Ananas versteckt sich
jedoch in ihrer goldenen Mitte, dem Strunk. Dieser enthält
das Enzym Bromelain, welches die Verdauung und Verar-
beitung von Eiweiß erleichtert. Gerade nach eiweißreichen
Speisen ist Ananas somit eine gute Wahl.

WUSSTEN SIE SCHON, DASS...

... Chili nicht nur unserem Körper einheizt, sondern auch dem Stoffwechsel?

Beruhigender Abendtrunk

LAVENDEL-BIRNEN-SMOOTHIE

CA. 10 MIN. | PRO GLAS CA. 70 KCAL, 2 G EW, 0 G F, 14 G KH

FÜR 4 GLÄSER

3 Birnen, 1 Banane, 2 Handvoll Grünkohlblätter, 1 Vanilleschote, 2 TL Matcha-Pulver, 400 ml starker, kalter Lavendeltee

1

Die Birnen waschen und klein schneiden, die Kerne nicht entfernen. Die Banane schälen und vierteln. Beides in den Mixer geben.

2

Den Grünkohl waschen und grob hacken. Die Vanilleschote längs halbieren und das Mark herauskratzen (bei Hochleistungsmixern kann die ganze Schote verwendet werden). Grünkohl und Vanille in den Mixer geben. Das Matcha-Pulver hinzufügen. Den Lavendeltee dazugießen und alle Zutaten fein pürieren. Den Abendtrunk auf vier Gläser verteilen.

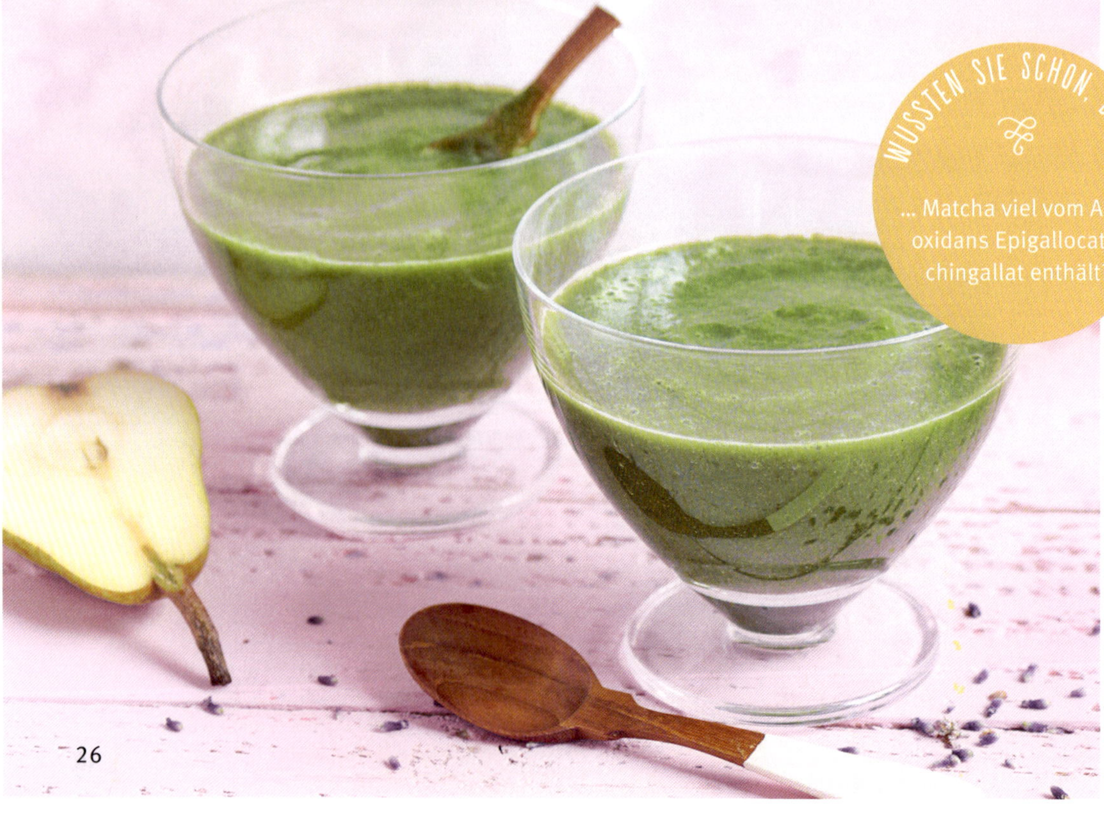

WUSSTEN SIE SCHON, DASS

... Matcha viel vom Antioxidans Epigallocatechingallat enthält?

Für Klarheit und Gelassenheit

SCHOKO-PFLAUMEN-SMOOTHIE

CA. 10 MIN. | PRO GLAS CA. 205 KCAL, 3 G EW, 9 G F, 27 G KH

FÜR 4 GLÄSER

400 g Pflaumen, 2 Bananen, ½ Avocado, 6 entsteinte Datteln, 2 grüne
Kardamomkapseln, 1 EL Kakaopulver, Zimtpulver, 200 ml Mandeldrink

Die Pflaumen waschen, halbieren und entkernen. Die Bananen schälen
und vierteln. Den Kern aus der Avocadohälfte entfernen und das Fruchtfleisch mit einem Löffel aus der Schale lösen. Alles in den Mixer geben.

Die Datteln, die Kardamomkapseln (falls nötig, vorab im Mörser leicht
andrücken), das Kakaopulver und 1 Prise Zimt hinzufügen.
Den Mandeldrink und 200 ml Wasser dazugießen und alles fein pürieren.
Den Smoothie auf vier Gläser verteilen.

WUSSTEN SIE SCHON, DASS...

... Kardamom Magen und
Darm besänftigt und ins-
gesamt beruhigend
wirkt?

MANGO-HEIDELBEER-SMOOTHIE

CA. 15 MIN. | PRO GLAS CA. 310 KCAL, 9 G EW, 11 G F, 42 G KH
FÜR 4 GLÄSER
2 Mangos, 500 g Joghurt, 2 EL Agavensirup, ½ Limette, 1 Stück Ingwer
(1 cm lang), 2 Bananen, 250 g Heidelbeeren, 3 EL Sonnenblumenkerne,
Mangospalten und Heidelbeeren zum Garnieren (nach Belieben)

Die Mangos schälen und das Fruchtfleisch würfeln. Die Mangowürfel mit
300 g Joghurt und 1 EL Agavensirup in den Mixer geben. Den Limettensaft
dazupressen, den Ingwer schälen und dazureiben. Alle Zutaten im Mixer
fein pürieren. In vier Gläser gießen und den Mixbehälter mit
Wasser ausspülen.

Die Bananen schälen und vierteln, die Heidelbeeren verlesen und waschen. Beides mit dem übrigen Joghurt, dem übrigen Agavensirup und
den Sonnenblumenkernen in den Mixer geben und fein pürieren.

Die Mischung mit einem Löffel vorsichtig auf die Mangomischung in den
Gläsern verteilen. Nach Belieben mit Mangospalten und
Heidelbeeren garnieren.

Mangos sind nicht nur unwiderstehlich lecker, sondern auch unglaublich gesund! Sie enthalten mehr als 20 verschiedene Vitamine, Mineralien und Phytonährstoffe. Herausragend ist ihr Gehalt an Vitamin C, Betacarotin (Provitamin A), Folsäure und Vitamin B6. Kaufen Sie reife Mangos, die duften und auf Fingerdruck etwas nachgeben.

Kraftvolle Chlorophyll-Detox

WILD SPIRIT

CA. 10 MIN. | PRO GLAS CA. 75 KCAL, 3 G EW, 1 G F, 12 G KH

FÜR 4 GLÄSER

3 Handvoll Giersch, 3 Handvoll Löwenzahn, 3 Handvoll Brennnesseln,
3 Äpfel, 1½ Gurken

Den Giersch und den Löwenzahn waschen und grob hacken.
Die Brennnesseln ebenfalls waschen, dabei Einmalhandschuhe tragen.
Anschließend grob hacken. Die Äpfel waschen, vierteln und entkernen,
die Gurken putzen, waschen und schälen. Äpfel und Gurken so klein
schneiden, dass sie in die Einfüllöffnung des Entsafters passen.

Alle Zutaten nach und nach in den laufenden Entsafter geben und
anschließend in vier Gläser füllen. Am besten gleich genießen.

Schwung für die Verdauung

PURPURNER BEEREN-HAFER-DRINK

CA. 5 MIN. | PRO GLAS CA. 230 KCAL, 8 G EW, 7 G F, 29 G KH

FÜR 4 GLÄSER

400 g Heidelbeeren, ½ Apfel, 120 g Haferkleie, 2 TL Açai-Pulver,
1 EL Honig, 1 EL schwarzer Sesam (ersatzweise weißer), Zimtpulver,
300 ml Haferdrink

Die Heidelbeeren verlesen und waschen. Die Apfelhälfte waschen, durchschneiden und entkernen. Heidelbeeren und Apfelstücke in den Mixer
geben. Haferkleie, Açai-Pulver, Honig, Sesam und
1 Prise Zimt hinzufügen.

Den Haferdrink und 200 ml Wasser dazugießen und alle Zutaten fein
pürieren. Den Beeren-Hafer-Drink auf vier Gläser verteilen.

TIPP

Für Haferkleie werden
Keimling und Rand-
schicht, also die nähr-
stoffreichsten Bestand-
teile des Haferkorns,
verarbeitet. Sie enthält im
Vergleich zu Haferflocken
fast doppelt so viel vom
wertvollen Ballaststoff Be-
ta-Glucan. Dies wirkt sich
positiv auf einen erhöhten
Cholesterinwert aus und
verzögert den Anstieg des
Blutzuckerspiegels.

Hilft gegen Frühjahrsmüdigkeit

FRUCHTSMOOTHIE MIT WALDMEISTER

CA. 10 MIN. | PRO GLAS CA. 140 KCAL, 5 G EW, 5 G F, 17 G KH

FÜR 4 GLÄSER

2 Pfirsiche, 200 g Himbeeren, 4 Stängel Waldmeister, 1 EL Sonnenblumenkerne, 2 EL Goji-Beeren, 300 ml Milch

Die Pfirsiche waschen, halbieren und entsteinen. Die Himbeeren verlesen, waschen und abtropfen lassen. Den Waldmeister waschen und grob
hacken. Pfirsichhälften, Himbeeren und Waldmeister mit den Sonnenblumenkernen und den Goji-Beeren in den Mixer geben.

Die Milch sowie 200 ml Wasser hinzufügen und alles fein pürieren.
Den Smoothie auf vier Gläser verteilen und genießen.

GESUNDHEITS-PLUS

Waldmeister – aufgrund seiner Blütezeit auch Maiblume genannt – überzeugt nicht nur mit einem einzigartigen Aroma,
sondern auch mit einer ganz besonderen Heilkraft. Für den
Geschmack des Heilkrauts ist der Bitterstoff Cumarin verantwortlich. In geringen Dosen fördert es unser Wohlbefinden
und hilft bei Kopfschmerzen und Migräne. Wird Waldmeister
jedoch in extrem hohen Mengen konsumiert, wandelt sich
die Wirkung des Aromastoffs um, sodass er dann Kopfschmerzen verursachen kann. Waldmeister wird traditionell
auch bei Magen- und Darmbeschwerden, nervöser Unruhe
und Einschlafproblemen eingesetzt.

WUSSTEN SIE SCHON, DASS...

... Goji-Beeren sehr viel
Lutein und Zeaxanthin enthalten, die wichtig für
die Augen sind?

TIPP

Mit Eiswürfeln und ein paar frischen Minzeblättern serviert, ist die Ingwerlimo im Sommer eine gesunde und erfrischende Alternative zu gekaufter Limonade. Die im Sieb verbliebenen Ingwerraspel können übrigens eine wunderbare Zweitverwertung in Muffins oder anderem Gebäck finden.

Stärkt das Immunsystem

INGWERLIMO MIT HIMBEEREN

CA. 10 MIN. | 45 MIN. KÖCHELN | 30 MIN. KÜHLEN | PRO PORTION CA. 85 KCAL, 1 G EW, 0 G F, 18 G KH

FÜR CA. 1 L

120 g Ingwer, 3 EL Honig, 2 Zitronen, ca. 700 ml Mineralwasser mit
Kohlensäure, 150 g Himbeeren

Den Ingwer schälen und auf der Küchenreibe grob raspeln. In einem
kleinen Topf mit 500 ml Wasser zum Kochen bringen und zugedeckt bei
kleiner Hitze ca. 45 Min. köcheln lassen.

Den Topf vom Herd nehmen und den Ingwersud durch ein feines Sieb gießen. Den Honig hinzufügen und unterrühren. Den Ingwersud ca. 30 Min.
abkühlen lassen.

Die Zitronen halbieren und auspressen, den Saft zum Ingwersud geben
und unterrühren. Das Mineralwasser dazugießen. Die Himbeeren verlesen, waschen, in einer Schüssel mit einer Gabel grob zerdrücken und auf
vier Gläser verteilen. Mit der Ingwerlimonade auffüllen und genießen.

GESUNDHEITS-PLUS

Ingwer ist auch hierzulande aus der Gesundheitsküche nicht
mehr wegzudenken. Zu Recht, denn im Wurzelstock sind
pflanzliche Wirkstoffe enthalten, die sogar als Arzneimittel
anerkannt sind. Ingwer wird seit Jahrhunderten erfolgreich
bei Darm- und Verdauungsbeschwerden sowie bei Übelkeit
und Erbrechen, speziell auch bei Reise- und Schwanger-
schaftsübelkeit eingesetzt. Seine Wirkkraft verdankt er
neben den ätherischen Ölen vor allem den beiden Scharf-
stoffen Gingerol und Shoagol.

Entwässert und erfrischt

MELONENSAFT MIT GURKE

CA. 10 MIN. | PRO GLAS CA. 80 KCAL, 2 G EW, 1 G F, 17 G KH

FÜR 4 GLÄSER

½ Wassermelone, 1 Gurke,
Melonen-und Gurkenscheiben zum Garnieren (nach Belieben)

1

Die Melonenhälfte durchschneiden, das Fruchtfleisch von der Schale
schneiden und je nach Größe der Entsafteröffnung in Stücke schneiden.
Die Kerne müssen nicht entfernt werden. Die Gurke putzen, waschen,
schälen und klein schneiden.

2

Melonen- und Gurkenstücke nach und nach in den laufenden Entsafter geben. Wer keinen Entsafter hat, kann die Mischung auch im Mixer
pürieren und als Smoothie genießen. Auf vier Gläser verteilen und nach
Belieben mit Melonen- und Gurkenscheiben garnieren.

GESUNDHEITS-PLUS

Wassermelone besteht zu fast 92 % aus Wasser und wirkt
dementsprechend erfrischend. Aber auch die übrigen
8 % können sich durchaus sehen lassen: In ihnen steckt
neben Mineralien wie Potassium auch eines der stärksten
Antioxidantien überhaupt – Glutathion. Es ist ein Schlüssel-
stoff in unserem Immunsystem und wird sowohl zur Entgif-
tung als auch zur körpereigenen Heilung benötigt. Außerdem
hat es eine hohe Anti-Aging-Wirkung. Für die schöne rote
Färbung des Fruchtfleischs ist übrigens der Phytonährstoff
Lycopin verantwortlich, der Herzkrankheiten vorbeugt. Da-
von besitzen Wassermelonen sogar mehr als Tomaten. Und
in ihren schwarzen Kernen verstecken sich außerdem noch
Eisen, Zink und Eiweiß.

WUSSTEN SIE SCHON, DASS…

… Wassermelonen, genau wie Gurken, Kürbisgewächse sind?

LITSCHI-ALOE-SMOOTHIE

CA. 10 MIN. | PRO GLAS CA. 125 KCAL, 2 G EW, 2 G F, 27 G KH

FÜR 4 GLÄSER

1 Birne, 500 g Litschis, 1 EL Honig,
2 EL Aloe-Vera-Gel (aus dem Reformhaus), 200 ml Mandeldrink

1

Die Birne waschen und vierteln, die Kerne nicht entfernen. Die Litschis
schälen und entkernen. Beides in den Mixer geben.

2

Den Honig und das Aloe-Vera-Gel hinzufügen. Den Mandeldrink und
200 ml Wasser dazugießen und alle Zutaten fein pürieren. Den Smoothie
auf vier Gläser verteilen und servieren.

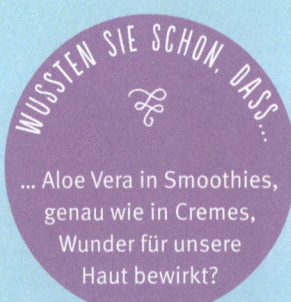

WUSSTEN SIE SCHON, DASS...

... Aloe Vera in Smoothies,
genau wie in Cremes,
Wunder für unsere
Haut bewirkt?

── GESUNDHEITS-PLUS ──

»Wer einmal eine Litschi gekostet hat, wird erst wieder bei der nächsten glücklich« – so besagt es zumindest ein Sprichwort aus der chinesischen Heimat dieser Frucht. Doch Litschis erfreuen nicht nur dank ihres sehr bekömmlichen, lieblichsüßen Geschmacks. Sie besitzen auch viele Inhaltsstoffe, die unsere Schönheit von innen fördern. 100 g decken unter anderem bereits unseren Tagesbedarf an Vitamin C, was wichtig fürs Bindegewebe ist. So unterstützen Litschis die natürliche Elastizität unserer Haut und reduzieren die Faltenbildung. Ihr hoher Kaliumgehalt sorgt außerdem für ein rundherum gesundes Zellinneres, was sich ebenfalls äußerlich an unserer Haut ablesen lässt.

RAINBOW-SNACKS

MINI-MAHLZEITEN FÜR DEN KLEINEN HUNGER MÜSSEN SICH NICHT AUF
DEN HÜFTEN WIEDERFINDEN: DIESE SNACKS ERLAUBEN IHNEN, AUCH
ZWISCHENDURCH ECHTE PFLANZENPOWER ZU GENIESSEN,
DEN SÄURE-BASEN-HAUSHALT INS GLEICHGEWICHT ZU BRINGEN, ZU
ENTGIFTEN UND ALLEN PROZESSEN IM KÖRPER DEN RICHTIGEN
TREIBSTOFF ZU LIEFERN. UND DAS BESTE: IHRE SCHÖNE OPTIK MACHT
SIE AUCH ZU PERFEKTEN MITBRINGSELN FÜR PARTYS UND PICKNICKS.

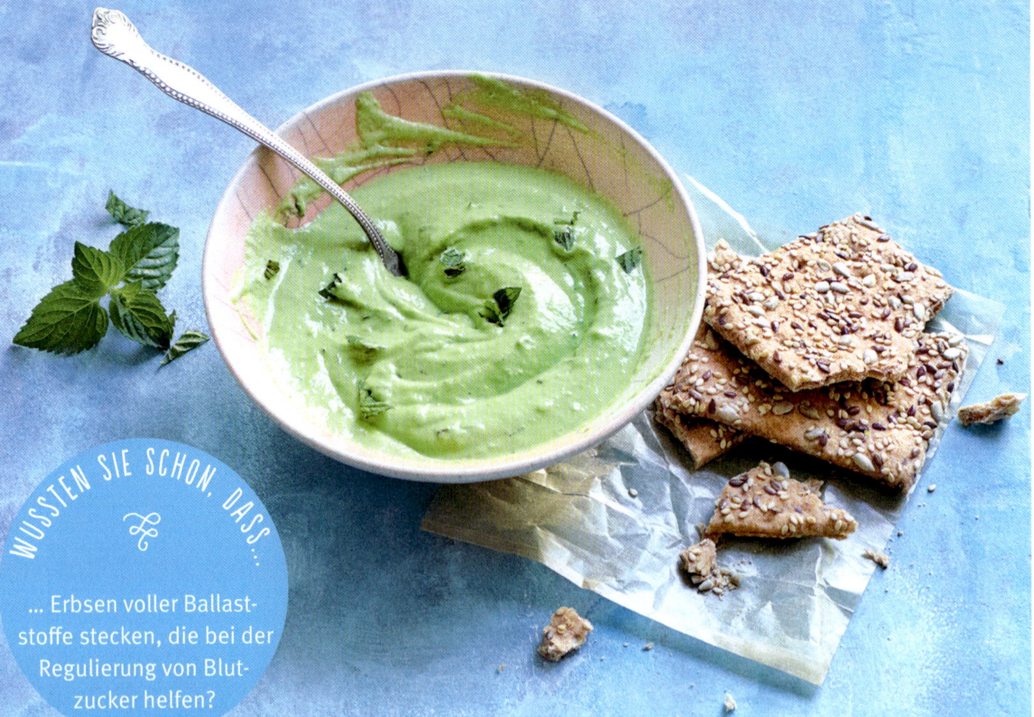

WUSSTEN SIE SCHON, DASS ...

... Erbsen voller Ballaststoffe stecken, die bei der Regulierung von Blutzucker helfen?

Toll mit Crackern oder Gemüse

ERBSEN-MINZ-DIP

CA. 15 MIN. | 20 MIN. KÜHLEN | PRO PORTION CA. 130 KCAL, 6 G EW, 9 G F, 6 G KH

FÜR 4 PORTIONEN

400 g frische Erbsen (gepalt gewogen; ersatzweise TK), ½ Zitrone, 1 Knoblauchzehe, ½ Bund Pfefferminze, 2 EL Olivenöl, 1 EL Tahin (Sesampaste), Meersalz

1

Frische Erbsen in sprudelnd kochendem Wasser 2–3 Min. blanchieren, TK-Erbsen 7–8 Min. blanchieren. In ein Sieb abgießen und kalt abschrecken. Etwas abkühlen lassen.

2

Die Erbsen in den Mixer geben und den Zitronensaft dazupressen. Den Knoblauch schälen und hinzufügen. Die Pfefferminze waschen, trocken schütteln und dazugeben. Olivenöl, Tahin und 1 Prise Meersalz hinzufügen und alles fein pürieren. Falls nötig, etwas Wasser dazugeben. Den Dip sofort servieren. Zugedeckt hält er bis zu 4 Tage im Kühlschrank.

TIPP

Erdnüsse enthalten den Phytonährstoff Phytosterol. Er wirkt sich positiv auf den Cholesterinspiegel aus, reduziert das Risiko für Herz-Kreislauf-Erkrankungen. Auch der Radikalenfänger Resveratrol (siehe S. 12) ist in Erdnüssen vorhanden.

Proteinreich

ERDNUSS-ORANGEN-DIP

CA. 10 MIN. | PRO PORTION CA. 280 KCAL, 12 G EW, 19 G F, 13 G KH

FÜR 4 PORTIONEN

2 Orangen, ½ Limette, 1 Stück Ingwer (1 cm lang), 150 g Erdnussmus, 1 EL Sojasauce, 1 EL flüssiger Honig, Cayennepfeffer

Die Orangen halbieren und auspressen. Die Limettenhälfte ebenfalls auspressen. Den Ingwer schälen und fein reiben.

Zitrussäfte, Ingwer, Erdnussmus, Sojasauce, Honig und 1 Prise Cayennepfeffer in einer Schüssel vermischen. So viel heißes Wasser unterrühren, bis der Dip die gewünschte Konsistenz hat. Er schmeckt zu Frühlingsrollen und Rainbow Bowls. Zugedeckt hält er bis zu 4 Tage im Kühlschrank.

Reisfrei und vitalstoffreich

BUNTES SUSHI

mit Blumenkohlreis

CA. 35 MIN. | PRO STÜCK CA. 190 KCAL, 4 G EW, 16 G F, 6 G KH

FÜR 4 ROLLEN

½ Blumenkohl, 1 gelbe Paprika, 2 Möhren, 1 Avocado, ½ Gurke,
1 Handvoll Alfalfasprossen, 1 EL Reisessig, 1 EL Sesamöl, 1 EL Sojasauce,
4 Nori-Blätter, 1 Bambus-Sushimatte

Den Blumenkohl waschen und grob zerteilen. In der Küchenmaschine
zu feinem »Reis« zerkleinern. In einem Dämpfeinsatz über kochendem
Wasser ca. 5 Min. dämpfen. Etwas abkühlen lassen.

Inzwischen die Paprika halbieren, Trennwände und Kerne entfernen, die
Hälften waschen und in feine Streifen schneiden. Die Möhren putzen,
waschen und in Stifte schneiden. Die Avocado halbieren und den Kern
entfernen, die Hälften schälen und in Scheiben schneiden. Die Gurkenhälfte waschen, nach Belieben schälen, quer durchschneiden und die
Stücke längs in Stifte schneiden. Die Sprossen waschen.

Den Blumenkohlreis in eine Schüssel geben. Reisessig, Sesamöl,
Sojasauce und ca. 3 EL Wasser dazugeben und unterrühren. 1 Nori-Blatt
auf die Bambusmatte oder die Arbeitsfläche legen. Ein Viertel des Blumenkohlreis darauf verteilen, dabei an einer Seite ca. 2,5 cm frei lassen.
Je ein Viertel von Gemüse und Sprossen auf den Blumenkohlreis geben.

Das Sushi mithilfe der Bambusmatte oder mit den Fingern fest einrollen,
die Matte entfernen und das Sushi mit einem scharfen Messer in Stücke
schneiden. Die übrigen Nori-Blätter ebenso belegen, aufrollen und in
Stücke schneiden. Dazu schmeckt eingelegter Ingwer und Sojasauce.

Ein besonderer Augen-
schmaus ist es, wenn Sie
violetten Blumenkohl für
dieses Rezept verwenden.

ROTE-BETE-CASHEW-AUFSTRICH

CA. 10 MIN. | 50 MIN. BACKEN | 15 MIN. ABKÜHLEN |
PRO PORTION CA. 325 KCAL, 8 G EW, 24 G F, 19 G KH

FÜR 4 PORTIONEN

200 g Rote Bete, 1 kleine Knoblauchzehe, ½ Zitrone, 180 g Cashewkerne,
2 EL Olivenöl, 1 EL Granatapfelsaft (nach Belieben), 1 TL Honig (ersatzweise Agavensirup), gemahlener Kreuzkümmel, Zimtpulver, Salz

1

Den Backofen auf 200° vorheizen. Die Roten Beten putzen, waschen oder
schälen und in kleine Würfel schneiden, dabei am besten Einmalhandschuhe tragen. Die Roten Beten in eine ofenfeste Form geben und
so viel Wasser hinzufügen, dass der Boden bedeckt ist. Die Roten Beten
im Ofen (Mitte) 45–50 Min. backen, dabei ein- bis zweimal durchrühren.
Herausnehmen und etwas abkühlen lassen.

2

Die Roten Beten in den Mixer geben. Den Knoblauch schälen und hinzufügen, den Zitronensaft dazupressen. Die Cashewkerne, das Olivenöl,
nach Belieben den Granatapfelsaft, den Honig, je 1 Prise Kreuzkümmel
und Zimtpulver und etwas Salz hinzufügen. Alles zu einer dickflüssigen
Creme pürieren. Falls nötig, etwas Wasser oder ein paar Cashewkerne
untermischen. Auf dunklem Brot servieren. Der Aufstrich hält sich
zugedeckt ca. 1 Woche im Kühlschrank.

Blitzschnell zubereitet

CHILI-AVOCADO-AUFSTRICH

CA. 10 MIN. | PRO PORTION CA. 250 KCAL, 2 G EW, 27 G F, 1 G KH

FÜR 4 PORTIONEN

2 Avocados, 1 Limette, 1 Chilischote, 2 Stängel Koriandergrün, Salz

Die Avocados halbieren, den Kern entfernen und das Fruchtfleisch mit einem Löffel aus der Schale lösen. In eine kleine Schüssel oder einen Mörser geben und mit einer Gabel oder einem Stößel zerdrücken. Die Limette halbieren, den Saft dazupressen und gut mit dem Avocadomus vermischen.

Die Chilischote halbieren, Kerne entfernen, die Hälften waschen und in sehr feine Streifen schneiden. Zur Avocadocreme geben. Das Koriandergrün waschen, trocken tupfen, klein schneiden und hinzufügen. Alle Zutaten gut vermengen und den Aufstrich mit etwas Salz abschmecken.

WUSSTEN SIE SCHON, DASS...

... das Fett in Avocados zu mehr als 75 % aus ungesättigten Fettsäuren besteht?

Immunstärkend

ROSENKOHL MIT PAPRIKA-DIP

CA. 20 MIN. | 45 MIN. BACKEN | PRO PORTION CA. 435 KCAL, 11 G EW, 33 G F, 23 G KH

FÜR 4 PORTIONEN

Für den Dip: 3 rote Paprika, 1 Knoblauchzehe, 100 g Cashewkerne,
1 EL schwarzer Sesam (ersatzweise weißer), 4 EL Olivenöl, edelsüßes
Paprikapulver, Salz, ½ Zitrone, **Für den Rosenkohl:** 500 g Rosenkohl,
4 EL Olivenöl, 2 EL Honig, Chiliflocken, Salz

Für den Dip den Backofengrill auf höchster Stufe vorheizen. Die Paprika
halbieren, Trennwände und Kerne entfernen, die Hälften waschen und
mit der Haut nach oben auf ein mit Backpapier belegtes Blech legen.
Im Ofen (oben) ca. 15 Min. grillen, bis die Haut schwarz und das Fruchtfleisch weich ist. Die Paprika in einen Gefrierbeutel geben und
ca. 15 Min. ruhen lassen.

Inzwischen den Backofen auf 200° stellen. Den Rosenkohl putzen,
waschen, halbieren und in eine Schüssel geben. Das Olivenöl, den Honig, einige Chiliflocken und etwas Salz hinzufügen und alles gut vermischen. Auf einem mit Backpapier belegten Backblech verteilen und im
Ofen (Mitte) ca. 30 Min. backen, dabei alle 10 Min. wenden.

Die Paprika häuten. Den Knoblauch schälen und grob hacken. Die
Paprika mit dem Knoblauch, den Cashewkernen, dem Sesam und dem
Olivenöl im Mixer fein pürieren. Mit 1 Prise Paprikapulver und Salz abschmecken, den Zitronensaft dazupressen. Den Rosenkohl aus dem Ofen
nehmen und mit dem Dip servieren.

GESUNDHEITS-PLUS

Rosenkohl eignet sich perfekt, um uns durch die kalte Jahreszeit zu helfen, denn er ist reich an immunstärkendem Vitamin C: 100 Gramm enthalten mehr als doppelt so viel Vitamin C wie Zitronen! Außerdem ist er eine gute Kaliumquelle, was wichtig für unsere Herzgesundheit und den Blutdruck ist. Darüber hinaus wirkt Rosenkohl entzündungshemmend und antioxidativ. Er ist ein guter Basenbildner und hat in Studien seine Wirkkraft gegen karzinogene Stoffe bewiesen.

REGENBOGENGEMÜSE

CA. 45 MIN. | 3 STD. MARINIEREN | PRO PORTION CA. 360 KCAL, 5 G EW, 24 G F, 34 G KH

FÜR 12 SPIESSE

Für die Spieße: 6 kleine blaue Kartoffeln (ersatzweise violette oder pinkfarbene), ½ rote Paprika, ½ gelbe Paprika, ½ Hokkaidokürbis (ca. 500 g),
1 Zucchino, 24 Kirschtomaten, ¼ Ananas, 1 Zitrone, 12 Metallspieße,
Für die Marinade: 2 Knoblauchzehen, 90 ml Olivenöl, 2 EL Aceto balsamico bianco, 2 TL Erdbeerkonfitüre, getrock-
netes Basilikum, getrockneter Oregano, Salz, Pfeffer

Für die Spieße die Kartoffeln waschen, halbieren und in einem Dämpfeinsatz über kochendem Wasser ca. 12 Min. dämpfen. Inzwischen aus
den Paprikahälften die Trennwände und Kerne entfernen, die Hälften
waschen und in ca. 2,5 cm breite Stücke schneiden. Die Kürbishälfte
durchschneiden, entkernen und in insgesamt 12 Stücke schneiden. Den
Zucchino putzen, waschen, längs halbieren und in 1 cm dicke Scheiben
schneiden. Die Tomaten waschen und mit den Spießen anpieksen.

Für die Marinade den Knoblauch schälen, fein hacken und in eine
Schüssel geben. Das Olivenöl, den Essig, die Erdbeerkonfitüre, je 1 Prise
Basilikum und Oregano dazugeben und alle Zutaten gut vermischen.
Kräftig mit Salz und Pfeffer würzen.

Die Kartoffeln abgießen und kurz kalt abschrecken. Alle Gemüse in eine
Schüssel geben, die Marinade hinzufügen und untermischen. Zugedeckt
für 2–3 Std. in den Kühlschrank stellen.

Den Backofen auf Grillfunktion oder 220° vorheizen. Das Ananasviertel
schälen und würfeln. Je 1–2 Gemüsestücke je Sorte und 1–2 Ananasstücke auf jeden Spieß stecken. Die Spieße auf ein mit Backpapier belegtes Backblech legen und im Ofen (Mitte) von beiden
Seiten 8–10 Min. grillen.

GESUNDHEITS-PLUS

Blaue, violette und pinkfarbene Kartoffeln sind nicht etwa ein Produkt der Lebensmittelindustrie, sondern Natur pur: Verantwortlich für ihre schöne kräftige Färbung sind Anthocyane – die gleichen pflanzlichen Farbstoffe, die auch für die Färbung von Trauben, Rotkohl oder Roter Bete verantwortlich sind. Bis ins 19. Jahrhundert waren bunte Kartoffeln in Europa weit verbreitet. Dann sank ihr Anbau, weil sie weniger robust sind als helle. Mittlerweile bekommt man sie glücklicherweise wieder zunehmend auf Märkten.

Avocados gehören in jede Rainbow-Kitchen! Ihr hoher Anteil an ungesättigten Fettsäuren, Vitaminen und Mineralien kommt unserem Körper zugute. Zugleich erhöht sich durch den Verzehr von Avocados die Absorbtionsrate bei fettlöslichen Carotinoiden, außerdem verbessert sich die Umwandlung von Provitamin A zu Vitamin A im Körper.

Voller ungesättigter Fettsäuren

KARTOFFELN MIT GUACAMOLE

CA. 25 MIN. | 20 MIN. BACKEN | PRO PORTION CA. 600 KCAL, 8 G EW, 48 G F, 27 G KH

FÜR 4 PORTIONEN

Für die Guacamole: 3 Avocados, 1 Limette, Salz, 1 rote Zwiebel,
½ Knoblauchzehe, 8 Stängel Petersilie, 2 Tomaten,
Für die Kartoffeln: 800 g Kartoffeln, 3 EL Olivenöl, Cayennepfeffer,
edelsüßes Paprikapulver, Knoblauchpulver, Salz,
Für das Topping: 3 rote Spitzpaprika, 3 Frühlingszwiebeln

Für die Guacamole die Avocados halbieren, entkernen und das Fruchtfleisch mit einem Löffel aus der Schale lösen. In eine Schüssel geben.
Die Limette halbieren und den Saft dazupressen. Mit etwas Salz abschmecken und mit einer Gabel fein zerdrücken. Die Zwiebel und den
Knoblauch schälen, fein hacken und hinzufügen. Die Petersilie waschen
und trocken schütteln, die Blätter fein hacken und dazugeben. Die Tomaten waschen, ohne den Stielansatz fein würfeln und hinzufügen.
Alles gut vermischen.

Für die Kartoffeln den Backofen auf 180° (Umluft) vorheizen. Die Kartoffeln schälen, in ½ cm dicke Scheiben schneiden und in eine Schüssel
geben. Das Olivenöl und je 1 Prise Cayennepfeffer, Paprika- und
Knoblauchpulver dazugeben. Alles gut vermischen. Die Kartoffelscheiben
nebeneinander auf zwei mit Backpapier belegten Backblechen verteilen.
Im heißen Ofen ca. 12 Min. backen. Wenden und 8–10 Min. backen,
bis sie braun und knusprig sind.

Inzwischen für das Topping die Spitzpaprika waschen und in Ringe
schneiden, die Kerne entfernen. Die Frühlingszwiebeln putzen, waschen
und in dünne Ringe schneiden. Die Kartoffelscheiben auf Teller verteilen
und mit Paprika- und Frühlingszwiebelringen garnieren.
Die Guacamole extra dazu reichen.

RAINBOW-ROHKOSTROLLEN

CA. 40 MIN. | PRO STÜCK CA. 190 KCAL, 3 G EW, 13 G F, 14 G KH

FÜR 8 STÜCK

2 kleine Rote Beten, ½ rote Paprika, ½ gelbe Paprika, 1 Möhre,
2 Avocados, ½ kleine Ananas, ½ Bund Koriandergrün, 1 Handvoll Mungobohnensprossen, 8 Blatt quadratisches Reispapier für
Frühlingsrollen (22 cm)

Die Roten Beten putzen und waschen oder schälen und fein reiben, da-
bei am besten Einmalhandschuhe tragen. Die Paprika durchschneiden,
Trennwände und Kerne entfernen, die Viertel waschen und in feine Strei-
fen schneiden. Die Möhre putzen, waschen und in feine Stifte schneiden.
Die Avocados halbieren, entkernen, schälen und das Fruchtfleisch in
Scheiben schneiden. Die Ananashälfte schälen und fein würfeln. Das
Koriandergrün waschen, trocken tupfen und die Blätter abzupfen.
Die Sprossen waschen.

Ca. 500 ml Wasser aufkochen, etwas abkühlen lassen und in eine flache
Pfanne gießen. 1 Reispapier hineinlegen und 10–20 Sek. darin einweichen. Herausnehmen und auf die Arbeitsfläche legen.

Rote Bete, Paprika, Möhre, Avocado und Ananas sowie Korianderblätter
und ein paar Sprossen auf dem Reispapier verteilen, dabei rundherum
einen ca. 2 cm breiten Rand frei lassen. Die Seiten über die Füllung schla-
gen, dann das Ganze von unten nach oben aufrollen. Auf einen Teller
legen und mit einem leicht angefeuchteten Tuch bedecken. Auf diese
Weise 7 weitere Rollen zubereiten.

TIPP

Die Rohkost-Rollen kön-
nen mit Sojasauce und
dem Erdnuss-Orangen-Dip
(siehe S. 43) serviert
werden.

GESUNDHEITS-PLUS

Diese bunten Frühlingsrollen sind toll als Vorspeise oder
Snack für zwischendurch. Frisches Gemüse hübsch präsen-
tiert und kinderleicht zubereitet. Und das beste: So bleibt
ein Optimum an Vitalstoffen erhalten, denn im Reispapier
versteckt sich Rohkost-Power: mineralstoffreiche Rote Bete,
Paprika voller Betacarotin (Provitamin A) und Vitamin C.
Koriandergrün wirkt sich positiv auf die Verdauung aus,
Avocado ist reich an einfach ungesättigten Fettsäuren, die
den »schlechten« LDL-Cholesterinwert senken können. Und
Mungobohnensprossen sind kleine Kraftpakete, die ein Maximum an Vitaminen, Mineralien und sekundären Pflanzenstoffen vorweisen können.

Eiweißreich

VEGANES QUINOA-SUSHI

CA. 40 MIN. | 15 MIN. KOCHEN | PRO STÜCK CA. 430 KCAL, 13 G EW, 25 G F, 37 G KH

FÜR 5 STÜCK

200 g Quinoa, Salz, ¼ Chinakohl (ca. 300 g), ½ Rotkohl (ca. 350 g),
1 Jalapeño-Chilischote, 3 Radieschen, 120 g Austernpilze, 1 Avocado,
½ Gurke, 3 EL Reisessig, 1 TL Honig, 2 EL Sojasauce, 2 EL Sesamöl,
5 Nori-Blätter, 2 EL schwarzer Sesam (ersatzweise weißer), 1 Handvoll
Wasabisprossen, 6 Stängel Koriandergrün, 6 Stängel Thai-Basilikum,
1 Bambus-Sushimatte

Die Quinoa gut unter heißem Wasser abspülen. 600 ml Wasser in einen
Topf geben und salzen. Quinoa dazugeben und das Wasser zum Kochen
bringen. Die Quinoa bei kleiner Hitze ca. 15 Min. köcheln, bis sie eine
lockere Konsistenz hat. Etwas abkühlen lassen.

Inzwischen Chinakohl und Rotkohl waschen und in feine Streifen schneiden. Die Chilischote waschen, entkernen und in Ringe schneiden, die
Radieschen putzen, waschen und in dünne Scheiben schneiden. Die
Austernpilze putzen und in Streifen schneiden. Die Avocado halbieren,
entkernen, die Hälften schälen und in Scheiben schneiden. Die Gurkenhälfte waschen oder schälen und längs in Stifte schneiden.

Essig, Honig, Sojasauce und Sesamöl verrühren und mit der Quinoa
mischen. 1 Nori-Blatt auf die Bambusmatte oder die Arbeitsfläche legen,
ein Fünftel der Quinoa auf einer Hälfte des Blatts verteilen und mit Sesam
bestreuen. Ein Fünftel des vorbereiteten Gemüses auf der unteren
Hälfte der Quinoa verteilen. Das Blatt von unten aufrollen,
dabei das Gemüse mit den Fingern festhalten.

Das obere Ende des Nori-Blatts befeuchten und andrücken. Die Rolle in
Stücke schneiden. Weitere 4 Rollen zubereiten und das Sushi mit Gari
(eingelegtem Ingwer), Wasabipaste und Sojasauce servieren.

GESUNDHEITS-PLUS

Quinoa ist eines der eisenreichsten (Pseudo-)Getreide überhaupt. Sein Eisengehalt beträgt zum Beispiel das Vierfache
von braunem Natur-Reis. Es enthält außerdem alle essenzi-
ellen Aminosäuren, welche der Körper nicht selbst produzie-
ren kann, sondern mit der Nahrung aufnehmen muss.

RAINBOW-CHIPS

CA. 15 MIN. | 50 MIN. BACKEN | PRO PORTION CA. 195 KCAL, 2 G EW, 13 G F, 17 G KH

FÜR 4 PORTIONEN

1 große Süßkartoffel, 1 große Rote Bete, 5 EL Olivenöl, Salz, Pfeffer,
200 g Grünkohl (möglichst große Blätter)

Den Backofen auf 130° (Umluft) vorheizen. Die Süßkartoffel und die Rote
Bete waschen, schälen und in dünne Scheiben hobeln. Zwei Backbleche
mit Backpapier auslegen. Die Rote-Bete-Scheiben auf einem Blech, die
Süßkartoffelscheiben auf dem anderen Blech verteilen. Süßkartoffel-
scheiben mit ca. 2 EL Olivenöl bestreichen. Beide Gemüse mit Salz und
Pfeffer würzen.

Die Grünkohlblätter waschen und trocken schütteln. Die dicken Stiele
herausschneiden und die Blätter in mundgerechte Stücke reißen; der
Grünkohl schrumpft beim Backen, deshalb sollten die Stücke mindestens
Chipsgröße besitzen. Den Grünkohl in eine Schüssel geben. Das übrige
Olivenöl und etwas Salz dazugeben und mit den Händen einmassieren,
sodass alle Blätter leicht mit Öl bedeckt sind. Ein weiteres Backblech mit
Backpapier auslegen und die Grünkohlchips darauf verteilen.

Alle drei Bleche in den Backofen schieben und die Gemüsechips in
40–50 Min. trocknen. Dabei alle 10 Min. die Ofentür kurz öffnen, damit
Feuchtigkeit entweichen kann. Die Chips sind fertig, wenn sie kross sind.
Herausnehmen und servieren, z. B. mit der Guacamole (siehe S. 53).

WUSSTEN SIE SCHON, DASS...

... Rote Bete wegen ihres
Gehalts an Bor leicht
aphrodisierend
wirkt?

GESUNDHEITS-PLUS

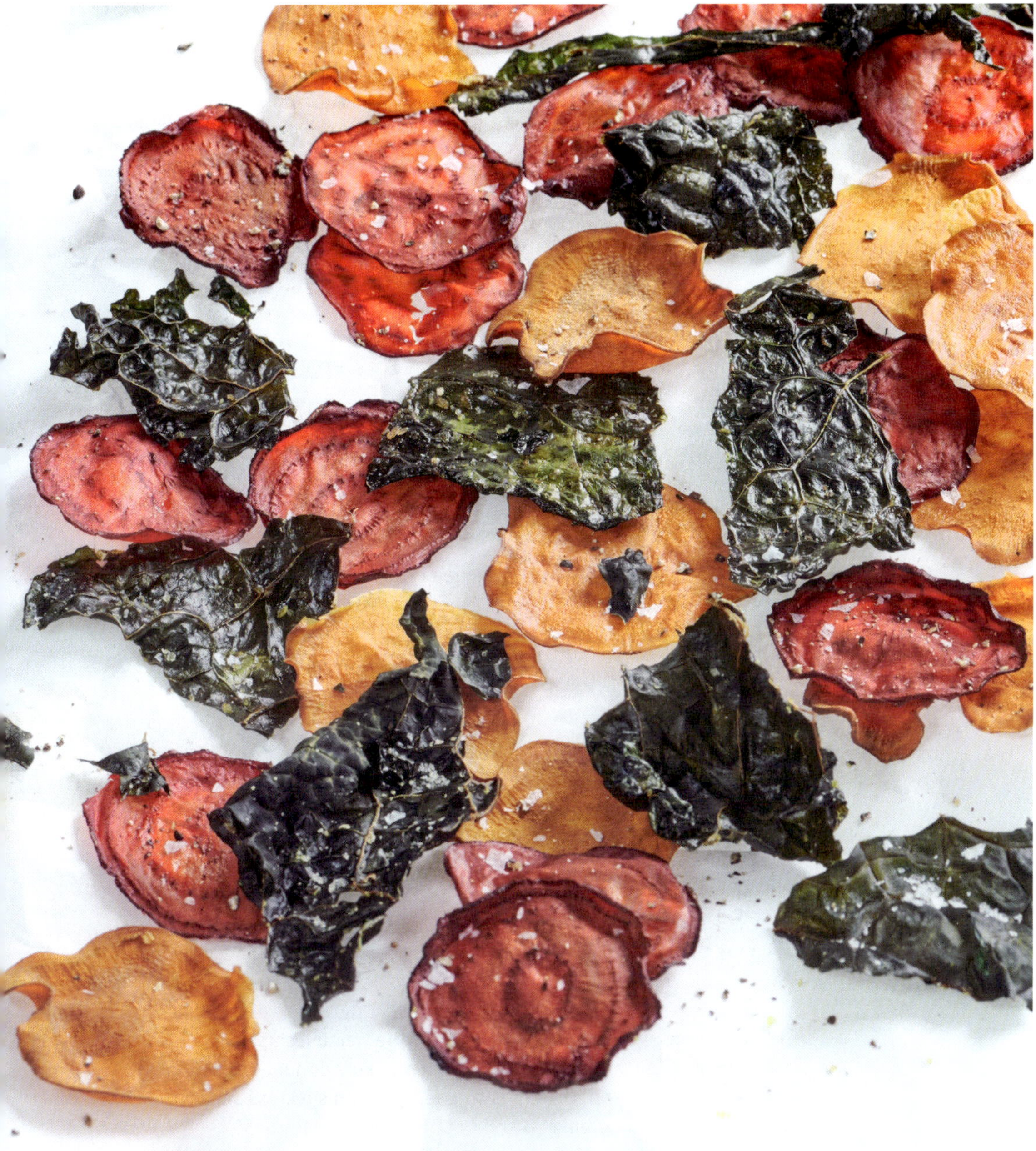

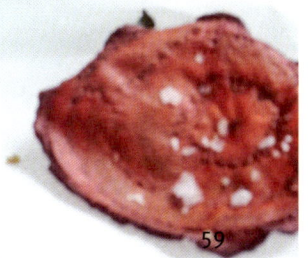

Süßkartoffeln sind reich an Betacarotin (Provitamin A) und Vitamin E. Je dunkler das Fruchtfleisch, desto mehr Süße und Betacarotin enthalten sie. Grünkohlchips sind in den USA seit einigen Jahren das Highlight unter gesundheitsbewussten Genießern. Sie sind reich an Chlorophyll, Betacarotin (Provitamin A), Eisen, Kalzium, Vitamin C und Vitamin E.

OFEN-RATATOUILLE

CA. 25 MIN. | 45 MIN. BACKEN | PRO PORTION CA. 160 KCAL, 3 G EW, 13 G F, 7 G KH

FÜR 5 PORTIONEN

1 Aubergine, 1 Zucchino, 1 gelbe Paprika, 500 g kleine Tomaten, 1 Zwiebel,
2 Knoblauchzehen, 4 Zweige Thymian, 4 Stängel Basilikum,
5 EL Olivenöl, Kokosblütenzucker, Salz

Den Backofen auf 200° vorheizen. Die Aubergine und den Zucchino putzen und waschen. Die Aubergine längs halbieren und in dünne Scheiben schneiden, den Zucchino ebenfalls in dünne Scheiben schneiden. Die Paprika halbieren, Trennwände und Kerne entfernen, die Hälften waschen und würfeln. Die Tomaten waschen, vom Stielansatz befreien und vierteln. Alle Gemüse in einer ofenfesten Form mischen.

Die Zwiebel und den Knoblauch schälen und fein hacken. Thymian und Basilikum waschen, trocken tupfen und die Blätter abzupfen. Das Öl in einer Pfanne erhitzen, Zwiebel, Knoblauch und die Kräuterblätter darin dünsten, bis die Zwiebel glasig ist.

Die Mischung über das Gemüse in der Form geben, mit etwas Zucker und Salz würzen und alles gut mischen. Die Form mit Alufolie zudecken und das Ratatouille im Ofen (Mitte) 40–45 Min. garen.
Dazu passen die Rainbow-Chips (siehe S. 58).

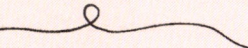

Vegan, glutenfrei und low-carb

BELLA-ITALIA-CRACKER

CA. 20 MIN. | 20 MIN. BACKEN | PRO STÜCK CA. 120 KCAL, 5 G EW, 9 G F, 3 G KH

FÜR 18 STÜCK

100 g Cashewkerne, 100 g Mandeln, 100 g Sonnenblumenkerne,
70 g Leinsamen, 2 Möhren, 1 kleine Knoblauchzehe, ¼ Bund Basilikum,
5 getrocknete Tomaten, 1 EL Tomatenmark, ½ Zitrone, Salz, Pfeffer

Die Cashewkerne, die Mandeln, die Sonnenblumenkerne und
die Leinsamen im Blitzhacker zu feinem Mehl mahlen.
Den Backofen auf 210° vorheizen.

Die Möhren putzen, waschen und fein reiben. Den Knoblauch schälen
und halbieren. Das Basilikum waschen und trocken schütteln, die Blätter
grob hacken. Möhren, Knoblauch, Basilikum, getrocknete Tomaten,
Tomatenmark und 3 EL Wasser zum Nussmehl geben. Den Zitronensaft
dazupressen und alles zu einer zähflüssigen Masse verarbeiten. Falls
nötig, noch etwas Wasser dazugeben. Mit Salz und Pfeffer abschmecken.

Die Masse gleichmäßig auf ein mit Backpapier belegtes Backblech strei-
chen. Im Ofen (Mitte) ca. 20 Min. backen, bis sie hart ist. Herausnehmen,
etwas abkühlen lassen und in 18 Stücke schneiden.

RAINBOW-SALADS

SALATE KÖNNEN SO VIEL MEHR ALS NUR KANINCHENFUTTER UND
GEFÜRCHTETER DIÄT-LUNCH ZU SEIN – VOR ALLEM, WENN SIE VOLLER
KNACKIGEM GEMÜSE, EIWEISSREICHEN HÜLSENFRÜCHTEN UND NÄHREN-
DEM (PSEUDO-)GETREIDE STECKEN. BEREIT FÜR EINE NEUE, KUNTERBUN-
TE DIMENSION DER KALTEN KÜCHE? LOS GEHT'S!

Hallo Frühling!

SPARGEL-KARTOFFEL-SALAT

CA. 1 STD. | PRO PORTION CA. 310 KCAL, 10 G EW, 13 G F, 37 G KH

FÜR 4 PORTIONEN

Für den Salat: 70 g Beluga-Linsen, Salz, getrockneter Thymian, 800 g Frühkartoffeln, 500 g grüner Spargel, 100 g Zuckerschoten, 5 Radieschen, 1 kleine Handvoll Schnittlauch, **Für die Vinaigrette:** 4 EL Butter, 1 Frühlingszwiebel, 2 EL Apfelessig, Salz, Pfeffer

Für den Salat die Linsen unter fließendem Wasser waschen. Mit 210 ml Wasser, und 1 Prise Thymian in einen Topf geben. Das Wasser aufkochen und die Linsen zugedeckt 20–30 Min. köcheln. Inzwischen die Kartoffeln waschen und in Salzwasser 15–20 Min. garen. Den Spargel waschen, die holzigen Enden abschneiden und die Stangen im unteren Drittel schälen. In einem Dämpfeinsatz über kochendem Wasser 5–10 Min. dämpfen.

Linsen, Kartoffeln und Spargel abgießen und ca. 30 Min. abkühlen lassen. Inzwischen für die Vinaigrette die Butter in einer Pfanne bei kleiner Hitze schmelzen. Die Frühlingszwiebel putzen, waschen, in dünne Ringe schneiden und dazugeben. Den Essig hinzufügen und die Zwiebeln 5 Min. köcheln lassen. Mit Salz und Pfeffer würzen.

Zuckerschoten und Radieschen putzen, waschen und in dünne Streifen bzw. Scheiben schneiden. Die abgekühlten Kartoffeln pellen und würfeln, den Spargel in Stücke schneiden. Kartoffelwürfel, Spargelstücke, Linsen, Zuckerschoten und Radieschen in eine Schüssel oder auf eine Platte geben. Den Schnittlauch waschen, trocken tupfen, in Röllchen schneiden und daraufstreuen. Die Vinaigrette dazugeben, alle Zutaten gut vermengen und den Salat sofort servieren.

GESUNDHEITS-PLUS

Radieschen zählen zu dem Gemüse, das wir am besten roh genießen sollten, denn so bleibt ein Maximum an Wirkkraft erhalten. Diese rührt vor allem von ihrer Schärfe her, für die der Phytonährstoff Sulforaphan (siehe auch S. 12) verantwortlich ist. Sulforaphan, oder auch Senföl genannt, hilft gut bei Magen-Darm-Beschwerden. Außerdem wirken Radieschen in unserer Ernährung stark antibakteriell, entwässern und stärken das Immunsystem.

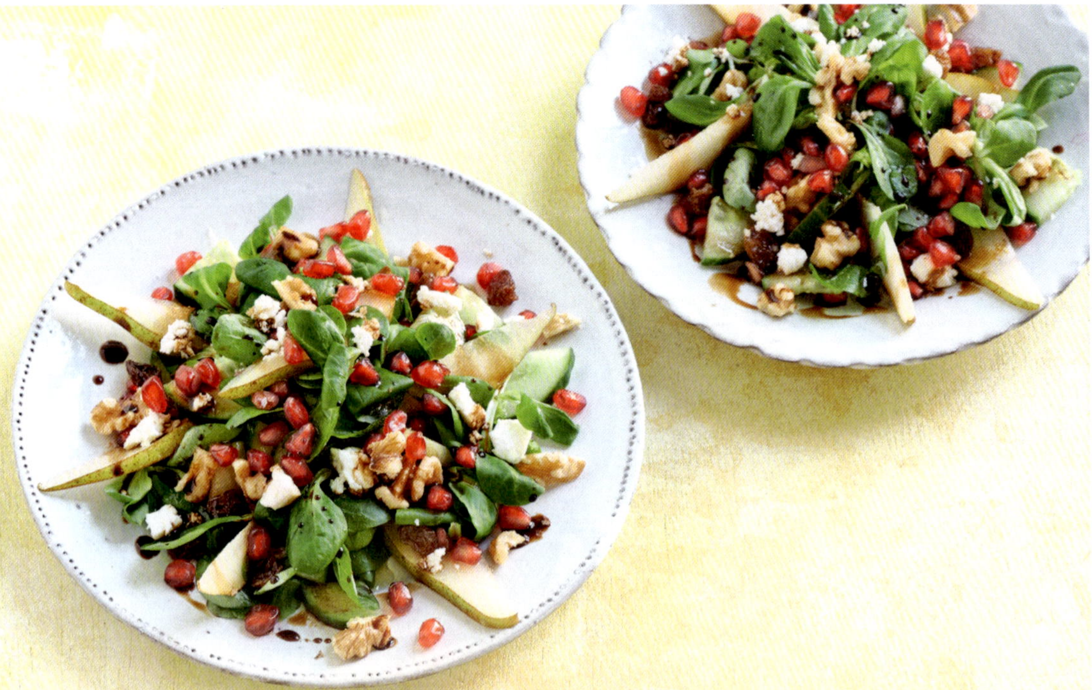

Reich an Antioxidantien

NUSSIGER GRANATAPFELSALAT

CA. 25 MIN. | PRO PORTION CA. 350 KCAL, 9 G EW, 25 G F, 22 G KH

FÜR 4 PORTIONEN

100 g Feldsalat, 1 Gurke, 1 Birne, 1 Granatapfel, 70 g Walnusskerne, 85 g Ziegenfeta, 3 EL Granatapfel-Balsamicoessig, 3 EL Walnussöl, Salz, Pfeffer, 60 g Rosinen

1

Den Feldsalat verlesen, waschen, trocken schütteln und in eine große Schüssel geben. Die Gurke waschen oder schälen, längs vierteln, in Scheiben schneiden und dazugeben. Die Birne waschen, vierteln, vom Kerngehäuse befreien und in dünne Scheiben schneiden.

2

Den Granatapfel vierteln und die Kerne herauslösen. Das geht am besten in einer vollen Wasserschüssel, dann spritzt es nicht so. Die Walnusskerne hacken. Den Ziegenfeta in kleine Stücke teilen. Den Salat mit Essig und Öl beträufeln und mit Salz und Pfeffer abschmecken. Mit den Birnenscheiben auf Teller verteilen und mit Granatapfelkernen, Walnüssen, Ziegenfeta und den Rosinen bestreuen. Den Salat sofort servieren.

Einfach erfrischend!

TOMATEN-MELONEN-SALAT

CA. 20 MIN. | PRO PORTION CA. 275 KCAL, 3 G EW, 21 G F, 19 G KH

FÜR 4 PORTIONEN
1 Cantaloupe-Melone, 250 g gelbe und rote Kirschtomaten, ½ rote
Zwiebel, 1 Avocado, 1 Limette, 1 EL Honig, 1 EL Apfelessig, 3 EL Avocadoöl
(ersatzweise Olivenöl), Salz, Pfeffer, 5 Stängel Minze

Die Melone halbieren, entkernen und das Fruchtfleisch würfeln. Die
Kirschtomaten waschen und vierteln, die Zwiebelhälfte schälen und in
dünne Scheiben schneiden. Die Avocado halbieren, entkernen, schälen und in Würfel oder Scheiben schneiden. Alle Zutaten in eine große
Schüssel geben und vermischen.

Die Limette halbieren und den Saft auspressen. Den Honig, den Essig,
das Öl, etwas Salz und Pfeffer hinzufügen und alles zu einem Dressing
verquirlen. Über den Salat geben. Die Minze waschen, trocken schütteln,
die Blätter abzupfen und den Salat damit garnieren.

GRÜNKOHL-CASHEW-SALAT

CA. 30 MIN. | PRO PORTION CA. 390 KCAL, 14 G EW, 27 G F, 22 G KH

FÜR 4 PORTIONEN

Für den Salat: 250 g Grünkohlblätter (ohne Stiele gewogen), 2 Limetten, 2 EL Sesamöl, Salz, 70 g Cashewkerne, 3 Frühlingszwiebeln, 1 Zucchino, 1 große Möhre, 1 rote Paprika, 1 Handvoll Wasabisprossen (nach Belieben), 5 Stängel Thai-Basilikum, **Für das Dressing:** 1 Stück Ingwer (1 cm lang), 100 g Cashewmus, 2 EL Tamari-Sojasauce, 1 EL Agavensirup, 1 EL Sesamöl, Salz, Cayennepfeffer

Für den Salat den Grünkohl waschen, trocken schütteln, kleiner zupfen und in eine große Schüssel geben. Die Limetten halbieren und über dem Grünkohl auspressen. Das Sesamöl und etwas Salz dazugeben und alles mit den Händen gut einmassieren. Beiseitestellen.

Inzwischen die Cashewkerne in einer Pfanne ohne Fett 2–3 Min. unter Rühren rösten, herausnehmen. Die Frühlingszwiebeln putzen, waschen und in Ringe schneiden. Zucchino und Möhre putzen, waschen und längs in dünne Scheiben hobeln. Die Paprika halbieren, Trennwände und Kerne entfernen, die Hälften waschen und in Streifen schneiden. Das vorbereitete Gemüse zum Grünkohl geben.

Für das Dressing den Ingwer schälen und fein reiben. Mit Cashewmus, Sojasauce, Agavensirup und Sesamöl mischen und mit etwas heißem Wasser verdünnen. Mit Salz und Cayennepfeffer abschmecken und zum Salat geben. Die Sprossen waschen. Das Basilikum waschen, trocken tupfen und die Blätter abzupfen. Den Salat mit Sprossen, Basilikum und Cashewkernen bestreuen und servieren.

TIPP

Grünkohl ist eine hervorragende Quelle für den sekundären Pflanzenstoff Lutein. Lutein ist besonders wichtig für die Gesundheit unserer Augen und die Erhaltung unserer Sehkraft. Normalerweise sorgt es zudem für eine gelbe Färbung von Obst und Gemüse. Beim Grünkohl wird dies jedoch durch den hohen Chlorophyllgehalt verhindert.

WILDKRÄUTER-SPROSSEN-SALAT

CA. 20 MIN. | PRO PORTION CA. 245 KCAL, 6 G EW, 19 G F, 13 G KH

FÜR 4 PORTIONEN

Für den Salat: 150 g Feldsalat, 1 Handvoll Wildkräuter (z.B. Löwenzahn, Klee, Giersch), 1 Möhre, 1 rote Paprika, 300 g Kirschtomaten, 2 Frühlings-zwiebeln, 100 g gemischte Sprossen (z. B. Alfalfa-, Linsen- und Mungo-bohnensprossen), ½ Apfel, 50 g Walnusskerne,

Für das Dressing: 200 g Himbeeren, 3 EL Apfelessig, 1 EL Agavensirup, 4 EL Hanföl (ersatzweise Olivenöl), Salz, Pfeffer

Für den Salat den Feldsalat und die Wildkräuter waschen und trocken schütteln, die Kräuter hacken. Beides in eine große Schüssel geben. Die Möhre putzen, waschen und schräg in dünne Scheiben hobeln. Die Papri-ka halbieren, Trennwände und Kerne entfernen, die Hälften waschen und in Streifen schneiden. Die Kirschtomaten waschen und halbieren. Alle Gemüse in die Schüssel geben.

Die Frühlingszwiebeln putzen, waschen, in feine Ringe schneiden und ebenfalls hinzufügen. Die Sprossen waschen und dazugeben. Die Apfel-hälfte waschen, entkernen, in feine Scheiben schneiden und ebenfalls zum Salat geben. Die Walnusskerne in einer Pfanne ohne Fett 2–3 Min. unter Rühren rösten, herausnehmen und abkühlen lassen.

Für das Dressing die Himbeeren verlesen, waschen und mit Apfelessig, Agavensirup, Hanföl, Salz, Pfeffer und ca. 5 EL Wasser mit dem Pürierstab glatt mixen.

Etwas Dressing zum Salat geben und untermischen. Den Salat auf Tellern anrichten und mit den gerösteten Walnusskernen bestreuen. Übriges Dressing hält in einem Schraubglas im Kühlschrank mehrere Tage.

GESUNDHEITS-PLUS

Wildkräuter sind besonders reich an Chlorophyll. Dieses pflanzliche Pigment ist für die Fotosynthese der Pflanzen verantwortlich – und somit letztendlich für alles Leben auf der Erde. Mit gutem Grund wird Chlorophyll auch als »grünes Pflanzenblut« bezeichnet, denn es ähnelt dem menschlichen Hämoglobin im Blut ungemein. Es wirkt Anämie entgegen und führt zu einer verbesserten Produktion von roten Blutkörperchen. Chlorophyll ist eine natürliche Frischekur für unsere Zellen, reinigt unseren Körper von innen und harmonisiert ihn zugleich. Auch die Weltgesundheitsorganisation (WHO) empfiehlt eine chlorophyllreiche Ernährung, um Krebs und anderen Erkrankungen vorzubeugen.

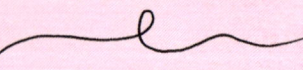
ROHER BROKKOLI-
AVOCADO-SALAT

CA. 25 MIN. | PRO PORTION CA. 610 KCAL, 8 G EW, 56 G F, 18 G KH

FÜR 4 PORTIONEN

Für den Salat: 750 g Brokkoli, 3 EL Avocadoöl (ersatzweise Olivenöl), 1 EL Apfelessig, Salz, 3 Avocados, 1 Rote Bete, **Für das Dressing:** 1 Knoblauchzehe, 6 Stängel Dill, 6 Stängel Petersilie, 3 EL mittelscharfer Senf, 3 EL Honig, 2 EL Apfelessig, 3 EL Avocadoöl (ersatzweise Olivenöl), Salz, Pfeffer

Für den Salat den Brokkoli waschen, in Röschen teilen und in der Küchenmaschine auf Reiskorngröße zerkleinern (oder so fein hacken, dass eine reisartige Masse entsteht). Das Avocadoöl, den Essig, 1 Prise Salz und 3 EL Wasser hinzufügen und alles mit den Händen gut vermischen. Beiseitestellen. Den Strunk schälen, in hauchdünne Scheiben schneiden oder hobeln und in eine große Schüssel geben.

Für das Dressing den Knoblauch schälen und halbieren. Dill und Petersilie waschen und trocken tupfen, je 2 Stängel zur Seite legen und den Rest grob hacken. Den Knoblauch und die gehackten Kräuter mit Senf, Honig, Apfelessig, Avocadoöl und ca. 5 EL Wasser mit dem Pürierstab glatt mixen. Falls nötig, noch etwas Wasser hinzufügen. Mit Salz und Pfeffer abschmecken.

Die Avocados halbieren, entkernen und schälen. Das Fruchtfleisch in Scheiben schneiden. Die Rote Bete putzen und waschen oder schälen und raspeln. Den Brokkolireis zu den Brokkolischeiben geben. Avocado und Rote Bete hinzufügen. Das Dressing über den Salat geben und unterrühren. Den Salat auf eine Servierplatte geben, Petersilienblätter und Dillspitzen abzupfen und daraufstreuen.

── GESUNDHEITS-PLUS ──

Brokkoli ist reich an Vitamin C, Kalzium, Protein und Betacarotin (Provitamin A). In Studien wurde belegt, dass er die
Ausbreitung von Krebszellen eindämmen kann. Das in ihm
enthaltene Kaempferol wirkt darüber hinaus entzündungshemmend. Und im rohen Zustand bleibt ein Maximum der
Vitalstoffe enthalten. Da viele von uns aber nicht daran
gewöhnt sind, rohen Kohl zu essen, sollte man ihn sehr
fein hacken und dann noch in Essig und Öl marinieren. Das
macht ihn besser verdaulich.

KUNTERBUNTER QUINOA-SALAT

CA. 45 MIN. | PRO PORTION CA. 465 KCAL, 9 G EW, 32 G F, 33 G KH

FÜR 4 PORTIONEN

Für den Salat: 80 g rote Quinoa, 150 g gemischte Salatblätter, ½ orange-farbene Paprika, ½ rote Zwiebel, 1 Avocado, ½ Mango, 5 Stängel Korian-dergrün, 80 g Mais (aus der Dose), 150 g gekochte schwarze Bohnen (aus der Dose), **Für das Dressing:** 1 Limette, 2 Orangen, ½ Avocado, ½ Knob-lauchzehe, 3 Stängel Koriandergrün, 1 EL Agavensirup, 4 EL Olivenöl, gemahlener Kreuzkümmel, Cayennepfeffer, Salz

Für den Salat die Quinoa gut unter heißem Wasser abspülen und mit 240 ml Wasser in einen Topf geben. Ca. 15 Min. köcheln lassen, bis die Quinoa das Wasser aufgesogen und eine lockere Konsistenz hat. Vom Herd nehmen und etwas abkühlen lassen.

Inzwischen die Salatblätter waschen, trocken schleudern, kleiner zupfen und eine große Schüssel damit auslegen. Die Paprikahälfte von Trennwänden und Kernen befreien, waschen und in Streifen schneiden. Die Zwiebelhälfte schälen und würfeln. Die Avocado halbieren, entkernen, schälen und in Scheiben schneiden.

Die Mangohälfte schälen, das Fruchtfleisch vom Stein schneiden und klein würfeln. Den Koriander waschen, trocken tupfen und hacken.

Für das Dressing die Limette und die Orangen halbieren und den Saft in den Mixer pressen. Die Avocadohälfte entkernen und das Fruchtfleisch aus der Schale lösen, ebenfalls in den Mixer geben. Die halbe Knoblauchzehe schälen, den Koriander waschen und trocken tupfen, beides grob hacken und hinzufügen. Agavensirup, Olivenöl, je 1 Prise Kreuzkümmel und Cayennepfeffer, etwas Salz und 2 EL Wasser dazugeben. Alles zu einem cremigen Dressing mixen.

Die Quinoa, die einzelnen Gemüse und die Mango dekorativ auf den Salatblättern verteilen. Den Mais und die Bohnen abtropfen lassen und hinzufügen. Das Dressing gleichmäßig über alle Zutaten träufeln. Den Salat mit dem gehackten Koriander bestreuen und servieren.

Sorgt für gute Nerven

ZUCCHINI-LINSEN-SALAT

mit Roter Bete

CA. 1 STD. | PRO PORTION CA. 380 KCAL, 10 G EW, 31 G F, 15 G KH

FÜR 4 PORTIONEN

100 g grüne Linsen, 2 EL Apfelessig, 2 Zucchini, 2 Rote Beten,
1½ Avocados, ½ rote Zwiebel, 1 Knoblauchzehe, 5 Stängel Basilikum,
1 kleine Handvoll Mungobohnensprossen, 1 Zitrone, 4 EL Hanföl (ersatzweise Olivenöl), Salz, Pfeffer

Die Linsen waschen und mit 1 EL Apfelessig in einen Topf geben. Reichlich Wasser dazugießen und zum Kochen bringen. Die Linsen bei großer
Hitze ca. 10 Min. kochen. Die Hitze reduzieren und die Linsen bei kleiner
Hitze weitere 30 Min. köcheln lassen, bis sie gar sind. Abgießen und
abkühlen lassen.

Inzwischen die Zucchini putzen, waschen und mit einem Sparschäler der
Länge nach in Streifen schneiden. Die Roten Beten putzen, waschen oder
schälen und ebenfalls mit dem Sparschäler in feine Scheiben schneiden. Die Avocados halbieren, entkernen, schälen und das Fruchtfleisch
würfeln. Die Zwiebelhälfte schälen und in feine Scheiben schneiden. Den
Knoblauch schälen und fein hacken. Das Basilikum waschen, trocken
tupfen und fein hacken. Die Sprossen waschen.

Alle vorbereiteten Zutaten in eine große Schüssel geben und vermischen.
Die Zitrone halbieren und den Saft dazupressen. Mit dem Öl, dem restli-
chen Apfelessig, Salz und Pfeffer würzen. Alles gut vermischen und den
Salat servieren.

GESUNDHEITS-PLUS

Linsen begleiten uns seit Beginn des Ackerbaus und finden schon in der Bibel Erwähnung. Durch ihren hohen Gehalt an Protein sind sie gerade bei veganer und vegetarischer Ernährung eine wichtige Ergänzung des Speiseplans. Doch auch Omnivoren können von der hohen Nährstoffdichte dieser Hülsenfrüchte profitieren: Sie liefern Betacarotin (Provitamin A) für Augen und Immunsystem, Vitamin E zum Schutz der Zellen, B-Vitamine zur Stärkung der Nerven, Zink für gesunde Haut und Haare. Auch Eisen und weitere Mineralien sowie sekundäre Pflanzenstoffe enthalten sie in großen Mengen. So sättigen sie lange, stärken das Immunsystem, fördern die Konzentration und wirken sich bei Stress beruhigend auf unser Gemüt aus. Eine wirklich runde Sache.

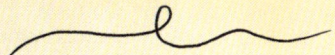

Lunch im Glas I

KUNTERBUNTER SCHICHTSALAT

CA. 20 MIN. | PRO PORTION CA. 360 KCAL, 6 G EW, 32 G F, 10 G KH

FÜR 2 LUNCHGLÄSER (JE CA. 750 ML)

Für das Dressing: 2 Avocados, 3 Stängel Basilikum, ½ Zitrone, 2 EL Hanf-öl (ersatzweise Olivenöl), Salz, Pfeffer, **Für den Salat:** 200 g Rotkohl, 200 g gekochte Kichererbsen (aus dem Glas), 250 g Kirschtomaten, 1 gelbe Paprika, 2 Handvoll Baby-Blattspinat, 1 Knoblauchzehe

Für das Dressing die Avocados halbieren, entkernen, das Fruchtfleisch aus der Schale löffeln und in einen Rührbecher geben. Das Basilikum waschen und trocken tupfen, die Blätter grob hacken und dazugeben. Den Zitronensaft dazupressen, das Hanföl und ca. 5 EL Wasser dazugeben. Etwas Salz und Pfeffer hinzufügen. Alles mit dem Pürierstab fein pürieren.

Für den Salat den Rotkohl waschen, fein raspeln und auf die Gläser verteilen. Die Kichererbsen abtropfen lassen und darauf schichten. Die Kirschtomaten waschen, halbieren und auf die Kichererbsen geben. Die Paprika halbieren, Trennwände und Kerne entfernen, die Hälften waschen, würfeln und hinzufügen. Den Spinat verlesen, waschen, trocken tupfen und in die Gläser füllen. Den Knoblauch schälen, fein hacken und auf den Spinat geben.

Für unterwegs die Gläser verschließen und das Dressing in ein Schraub-glas füllen. Kurz vor dem Essen das Dressing über den Salat geben und mit den Zutaten im Glas vermischen.

TIPP

Schichtsalate eignen sich ideal zur Zubereitung vorab. Gut verschlossen können sie auch über Nacht im Kühlschrank aufbewahrt werden.

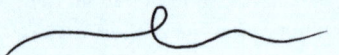

GERSTENSALAT MIT AUBERGINE

CA. 1 STD. 15 MIN. | PRO PORTION CA. 335 KCAL, 9 G EW, 22 G F, 24 G KH

FÜR 2 LUNCHGLÄSER (JE CA. 750 ML)

100 g Gerste, 60 g Cashewkerne, 1 Aubergine, 2 TL Kokosöl, 1 große Möhre, ½ Bund Petersilie, 1 Frühlingszwiebel, 1 Bio-Zitrone, 2 EL Aceto balsamico bianco, 4 EL Olivenöl, Salz, Pfeffer, 70 g Schafskäse (Feta)

Die Gerste unter fließendem Wasser waschen und mit 300 ml Wasser in einen Topf geben. Zum Kochen bringen und ca. 15 Min. köcheln lasssen. Die Gerste in ein Sieb abgießen und abbrausen. Mit frischem Wasser bedeckt erneut zum Köcheln bringen und in ca. 30 Min. bissfest garen.

Inzwischen die Cashewkerne in einer Pfanne ohne Fett 2–3 Min. unter Rühren rösten. Herausnehmen und abkühlen lassen. Die Aubergine putzen, waschen, der Länge nach vierteln und in ca. 1 cm große Würfel schneiden. Etwas Kokosöl erhitzen und die Aubergine darin 5–7 Min braten. Die Möhre putzen, waschen und in dünne Scheiben hobeln. Die Gerste in ein Sieb abgießen, kalt abspülen und abkühlen lassen.

Die abgekühlte Gerste in die Gläser füllen. Die Auberginen und die Möhren daraufgeben. Die Petersilie waschen, trocken tupfen, fein hacken und hinzufügen. Die Frühlingszwiebel putzen, waschen, in Ringe schneiden und ebenfalls dazugeben. Die Zitrone heiß waschen und abtrocknen, den Saft über den Gläsern auspressen und die Schale von ½ Zitrone dazureiben. Essig und Öl zum Salat geben, mit Salz und Pfeffer würzen. Die Cashews auf den Salat streuen und den Schafskäse darüberbröseln.

GESUNDHEITS-PLUS

Gerste ist eine der ältesten kultivierten Getreidearten. Sie schmeckt fein nussig, ist reich an Eiweiß, Ballaststoffen, B-Vitaminen sowie Mineralien. Sie ist nicht nur ein Grundbestandteil von Bier; geschält, geschliffen und poliert landet sie als Graupe in Suppen und Eintöpfen. Das volle Korn kann auch als Alternative zu Reis oder Grünkern in vielen Gerichten verwendet werden.

GESUNDHEITS-PLUS

Algen liefern uns die Kraft des Meeres in geballter Form.
Seit Jahrhunderten oder gar Jahrtausenden Bestandteil der
Ernährung und Medizin in China und Japan, versorgen sie
die Menschen zunehmend auch hierzulande mit wertvollen
Nährstoffen. Algen sind eine ideale pflanzliche Quelle von
Omega-3-Fettsäuren. Außerdem sind sie eine der besten
natürlichen Mineralstoffquellen überhaupt. So beträgt
der Kalziumgehalt der Braunalge Hijiki zum Beispiel das
Zehnfache von herkömmlicher Kuhmilch. Und: Algen wirken
entgiftend, reinigen den Darm und sorgen für eine schöne
Haut. Aufgrund ihres hohen Jod- und Sodiumgehalts sollten
sie jedoch stets nur in Maßen genossen werden.

Mineralstoffreich und entgiftend

KLASSISCHER ALGENSALAT

CA. 25 MIN. | PRO PORTION CA. 135 KCAL, 2 G EW, 9 G F, 12 G KH

FÜR 4 KLEINE PORTIONEN

60 g Meeressalat-Algen (aus dem Bio- oder Asienladen; ersatzweise eine
Mischung aus Wakame, Dulse und Hijiki), 1 Stück Ingwer (1 cm lang),
3 EL Reisessig, 2 EL Sojasauce, 2 EL Sesamöl, 1 EL Mirin (süßer Reiswein;
ersatzweise 2 TL Agavensirup), 1 Chilischote, 2 EL schwarzer Sesam
(ersatzweise weißer)

Die Algen mit ca. 120 ml Wasser in eine Schüssel geben und 15–20 Min.
einweichen. Sie sollen angenehm weich sein, aber noch etwas Biss
haben. Inzwischen den Ingwer schälen und fein reiben. Den Ingwer mit
dem Reisessig, der Sojasauce, dem Sesamöl und dem Mirin vermischen.
Die Chilischote halbieren, entkernen, die Hälften waschen und
in feine Streifen schneiden.

Das Einweichwasser abgießen und überschüssiges Wasser mit den Händen aus den Algen auspressen. Die Algen in eine Schüssel geben, das
Dressing hinzufügen und alles vermengen. Den Salat auf Teller verteilen,
mit Chilistreifen und Sesam garnieren und servieren.

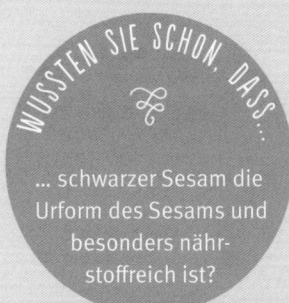
WUSSTEN SIE SCHON, DASS...

... schwarzer Sesam die
Urform des Sesams und
besonders nähr-
stoffreich ist?

RAINBOW-BOWLS & MORE

BOWLS – DAS SIND SCHÖNE SCHÜSSELN, GEFÜLLT MIT NOCH SCHÖNE-
REN LEBENSMITTELN. DABEI SIND DER KREATIVITÄT KEINE GRENZEN
GESETZT, WIE DIE FOLGENDEN REZEPTE BEWEISEN. BOWLS SIND PERFEK-
TE MITTAGESSEN, DENN SIE STECKEN VOLLER FARBENFROHEM GEMÜSE,
DAS SÄTTIGT UND STÄRKT, OHNE SIE IN DAS ENERGIETIEF FALLEN ZU
LASSEN, DAS SICH NACH EINER SCHWEREN MAHLZEIT EINSTELLT.

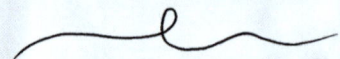

WILDREIS-BOWL
mit Orangensauce

1 STD. 40 MIN. | PRO PORTION CA. 500 KCAL, 16 G EW, 11 G F, 84 G KH

FÜR 4 PORTIONEN

Für die Bowl: 240 g Wildreis, Salz, 1½ große Süßkartoffeln (ca. 450 g), 300 g Brokkoli, 300 g Blumenkohl, 3 Möhren, 2 TL Reisessig, 2 TL Sesamöl, ½ Granatapfel, 2 Handvoll Alfalfasprossen, 6 Stängel Koriandergrün, Pfeffer, 2 EL schwarzer Sesam (ersatzweise weißer), **Für die Sauce:** 3 Orangen, 1 Limette, 1 Stück Ingwer (1 cm lang), 1 EL Sojasauce, 1 EL Sesamöl, 1 TL Harissa (scharfe Würzpaste)

Für die Bowl den Wildreis waschen und mit 500 ml Wasser und etwas Salz in einen Topf geben. Zum Kochen bringen und ca. 40 Min. köcheln lassen.

Inzwischen die Süßkartoffeln schälen und würfeln, Brokkoli und Blumenkohl waschen und in kleine Röschen teilen. Die Möhren putzen, waschen und mit einem Sparschäler längs in dünne Streifen schneiden, mit dem Reisessig und dem Sesamöl beträufeln. Leicht salzen und marinieren lassen. Süßkartoffeln, Brokkoli und Blumenkohl in einem Dämpfeinsatz über heißem Wasser ca. 15 Min. dämpfen.

Inzwischen für die Sauce die Orangen und die Limette halbieren und in eine kleine Schüssel auspressen. Den Ingwer schälen und auf einer Reibe sehr fein dazureiben. Sojasauce, Sesamöl und Harissa untermischen und die Sauce beiseitestellen.

Die Granatapfelhälfte durchschneiden und die Kerne herauslösen. Den Wildreis, das gedünstete Gemüse, die Möhrenstreifen und die Sprossen in vier Bowls anrichten. Die Sauce darübergeben und die Granatapfelkerne daraufstreuen. Den Koriander waschen, trocken tupfen, fein hacken und auf die Bowls streuen. Mit dem Sesam garnieren und servieren.

... Wildreis gar keine Reis-
sorte ist, sondern eine
Wassergrasart?

BACKTOMATEN MIT POLENTA

CA. 50 MIN. | PRO PORTION CA. 445 KCAL, 16 G EW, 20 G F, 51 G KH

FÜR 4 PORTIONEN

500 g gelbe und rote Kirschtomaten, 3 EL Olivenöl, Salz, getrocknetes Basilikum, 2 Knoblauchzehen, 300 g Spinat, 250 g Polenta (Maisgrieß), 1 Aubergine, 2 TL Kokosöl, 125 g Ziegenfeta (nach Belieben)

Den Backofen auf 200° vorheizen. Die Tomaten waschen, abtrocknen und auf ein mit Backpapier belegtes Backblech legen. Mit 1 EL Öl beträufeln, mit etwas Salz und 1 Prise getrocknetem Basilikum bestreuen und im Ofen (Mitte) ca. 35 Min. backen, dabei alle 10 Min. vorsichtig wenden, bis sie rundherum gut gebräunt sind.

Inzwischen den Knoblauch schälen und hacken. Den Spinat waschen und trocken schütteln. Das restliche Öl in einer großen, schweren Pfanne langsam erwärmen. Den Knoblauch dazugeben und unter Rühren 1–2 Min. anbraten. Den Spinat hinzufügen und unter Rühren erhitzen, bis er zusammenfällt. In einem Topf 1 l Wasser mit etwas Salz zum Kochen bringen. Die Polenta einrühren und zugedeckt unter häufigem Rühren ca. 15 Min. köcheln lassen, bis sie andickt.

Die Aubergine putzen, waschen und quer in ca. 1 cm dicke Scheiben schneiden. Das Kokosöl in einer Pfanne erhitzen und die Auberginenscheiben darin von beiden Seiten 2–3 Min. braten. Sobald die Polenta angedickt ist, den Ziegenfeta dazugeben und gut unterrühren.

Die Polenta auf vier tiefe Teller oder Schüsseln verteilen, Tomaten, Spinat und Auberginenscheiben darauf anrichten und das Gericht servieren.

TIPP

Wegen ihres hohen Vitamin B- und Kaliumgehalts sind Tomaten hilfreich gegen Bluthochdruck und zu hohe Cholesterinwerte. Durch regelmäßigen Verzehr kann man Herzkrankheiten vorbeugen.

GESUNDHEITS-PLUS

Umeboshi-Paste wird aus den japanischen Ume-Früchten hergestellt, die botanisch Aprikosen sehr ähneln. In Japan werden die milchsauer vergorenen Früchte vor allem aufgrund ihrer starken Detox-Wirkung geschätzt. Darüber hinaus wirken sie als hervorragender Basenbildner, der sich auch bei Verdauungsproblemen bewährt hat und sogar für mehr Energie und Leistungsfähigkeit sorgt. Einziges Manko: Die Paste ist sehr salzig, und auch an den zugleich sauren Geschmack muss man sich mitunter erst gewöhnen – doch das lohnt sich allemal!

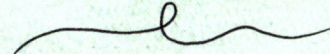

Detox mit Genuss

SOBA-BOWL

mit Aprikosensauce

CA. 40 MIN. | PRO PORTION CA. 505 KCAL, 22 G EW, 22 G F, 51 G KH

FÜR 4 PORTIONEN

Für die Sauce: 50 g getrocknete Aprikosen, ½ Chilischote, 4 EL Erdnuss-mus, 2 TL Apfelessig, 1 TL Umeboshi-Paste (Onlineversand),
Für die Bowl: 2 große Möhren, 8 Mangoldblätter, 1 Aubergine, 1 rote Pap-rika, 300 g kleine Champignons, 150 g Zuckerschoten, 1 EL Kokosöl, Salz, 200 g Soba-Nudeln (Buchweizennudeln), 60 g Erdnusskerne

Für die Sauce die getrockneten Aprikosen in reichlich Wasser einwei-chen. Für die Bowl die Möhren, den Mangold mit Stiel und die Aubergi-ne putzen und waschen. Die Möhren raspeln, den Mangold in Streifen schneiden, die Aubergine quer in ca. 1 cm dicke Scheiben schneiden. Die Paprika halbieren, Trennwände und Kerne entfernen, die Hälften waschen und in Streifen schneiden. Die Pilze putzen, trocken abreiben und halbieren. Die Zuckerschoten putzen und waschen.

Das Kokosöl in einer Pfanne erhitzen und die Aubergine darin von beiden Seiten je 2–4 Min. braten, herausnehmen. Die Pilze in die Pfanne geben und in 4–5 Min. weich braten. Die Soba-Nudeln in reichlich siedendem Wasser nach Packungsanweisung garen, mit einem Pastaheber heraus-heben, in ein Sieb geben und kalt abschrecken. Den Mangold ins Wasser geben, ca. 1 Min. kochen, herausheben. Die Zuckerschoten ins Wasser geben und ca. 1 Min. kochen. Herausheben und in einem Sieb abtropfen lassen. 400 ml Kochwasser abmessen.

Die Aprikosen abtropfen lassen. Die Chilihälfte entkernen, waschen und klein schneiden. Aprikosen, Chilischote, Erdnussmus, Apfelessig und Umeboshi-Paste mit dem Kochwasser im Mixer fein pürieren.

Alle vorbereiteten Zutaten auf vier Bowls verteilen und mit der Sauce beträufeln. Die Erdnüsse grob hacken und daraufstreuen.

GORGEOUS GREEN SOUP

CA. 50 MIN. | PRO PORTION CA. 145 KCAL, 8 G EW, 9 G F, 8 G KH

FÜR 4 PORTIONEN

1 Zwiebel, 1 Stange Lauch, 1 Stück Ingwer (1 cm lang), 400 g Brokkoli,
3 EL Kokosöl, 1 Zucchino, 200 g Grünkohl, 150 g TK-Erbsen, 2 Knoblauchzehen, ½ Bund Petersilie, 700 ml Gemüsebrühe, Salz, Pfeffer,
getrockneter Oregano

Die Zwiebel schälen und fein hacken. Den Lauch putzen, waschen und
in Ringe schneiden. Den Ingwer schälen und fein reiben. Den Brokkoli
waschen und in Röschen teilen. Das Öl in einem großen Topf erhitzen.
Zwiebel, Lauch und Ingwer darin bei mittlerer Hitze ca. 3 Min. dünsten,
bis die Zwiebel glasig ist. Brokkoli und Gemüsebrühe hinzufügen.
Aufkochen und zugedeckt bei mittlerer Hitze ca. 10 Min. köcheln lassen.

Inzwischen den Zucchino putzen, waschen und würfeln, den Grünkohl
waschen und grob hacken. Beides zur Suppe geben, gut umrühren und
10 Min. köcheln lassen. Die Erbsen hinzufügen und 5 Min. mitköcheln.

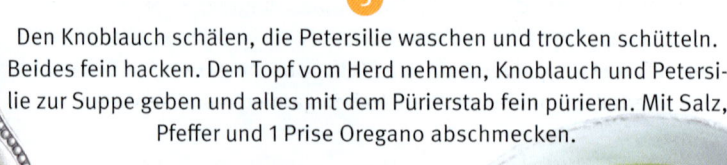

Den Knoblauch schälen, die Petersilie waschen und trocken schütteln.
Beides fein hacken. Den Topf vom Herd nehmen, Knoblauch und Petersi-
lie zur Suppe geben und alles mit dem Pürierstab fein pürieren. Mit Salz,
Pfeffer und 1 Prise Oregano abschmecken.

Mineralstoff- und Vitaminpower

WILD & MILD GREEN SOUP

CA. 50 MIN. | PRO PORTION CA. 330 KCAL, 15 G EW, 22 G F, 13 G KH

FÜR 4 PORTIONEN

1 Zwiebel, 2 Kartoffeln, 600 g Brennnesseln, 2 TL Kokosöl, 600 ml Gemüsebrühe, 1 Möhre, 1 Knoblauchzehe, 400 g Kokosmilch, 2 TL Agavensirup, Currypulver, Salz, Pfeffer

Die Zwiebel schälen und klein schneiden. Die Kartoffeln schälen und klein würfeln. Die Brennnesseln kurz mit heißem Wasser übergießen, damit sie nicht mehr brennen. Trocken schütteln und grob hacken.

Das Öl in einem großen Topf erhitzen und die Zwiebel darin andünsten. Die Kartoffeln hinzufügen und 2–3 Min. dünsten. Die Brennnesseln dazugeben und 2–3 Min. mitdünsten. Die Gemüsebrühe hinzufügen und aufkochen. Die Suppe ca. 15 Min. köcheln lassen. Inzwischen die Möhre putzen, waschen und längs in dünne Streifen raspeln. Den Knoblauch schälen und fein hacken.

Den Topf vom Herd nehmen, den Knoblauch und die Kokosmilch zur Suppe geben und alles mit dem Pürierstab fein pürieren. Mit Agavensirup, 1 Prise Currypulver, Salz und Pfeffer abschmecken. Auf Schüsseln verteilen, mit den Möhrenstreifen garnieren und servieren.

Eiweißreich, glutenfrei, vegan

QUINOA-BOWL

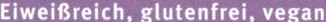

CA. 35 MIN. | 25 MIN. BACKEN | PRO PORTION CA. 1000 KCAL, 24 G EW, 55 G F, 99 G KH

FÜR 4 PORTIONEN

Für die Bowl: ½ Rotkohl (ca. 400 g), Salz, 3 EL Sesamöl, 2 große Süßkartoffeln (ca. 600 g), 2 TL Kokosöl, 1 Dose Kichererbsen (240 g Abtropfgewicht), Knoblauchpulver, getrocknetes Basilikum, gemahlener Kreuzkümmel, Cayennepfeffer, 300 g Quinoa, 100 g Feldsalat, 1 orangefarbene Paprika, 2 Avocados, 1 kleine Mango, **Für das Hummus:** 1 Dose Kichererbsen (240 g Abtropfgewicht), 1 Glas geröstete rote Paprika (210 g Abtropfgewicht), 1 Knoblauchzehe, ½ Zitrone, 2 EL Hanföl (ersatzweise Olivenöl), 2 EL Tahin (Sesampaste), Kreuzkümmel, Salz, Cayennepfeffer

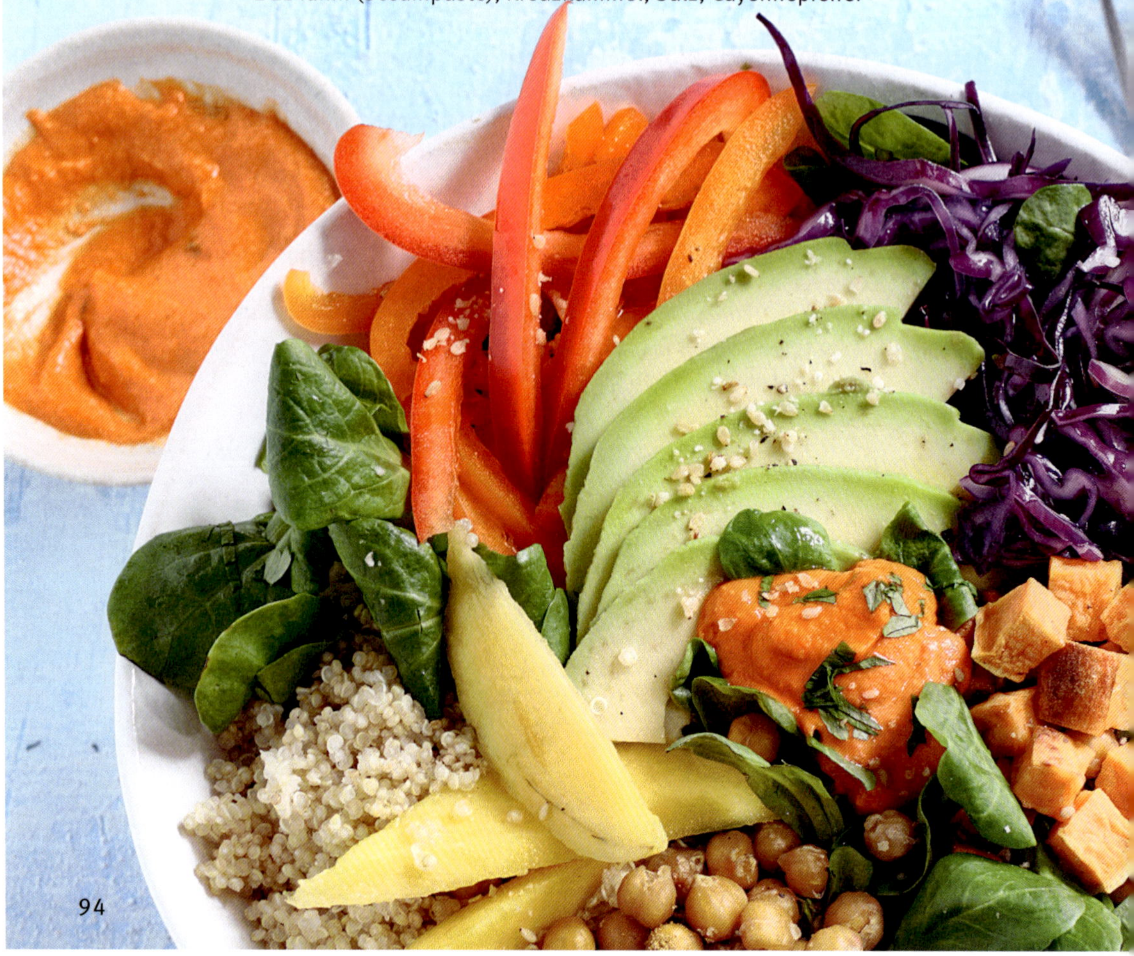

Für die Bowl den Backofen auf 180° (Umluft) vorheizen und zwei Backbleche mit Backpapier auslegen. Den Rotkohl waschen, raspeln und mit
etwas Salz und dem Sesamöl mischen. Marinieren lassen. Die Süßkartoffeln schälen und würfeln. Auf einem Backblech verteilen, mit
1 TL Kokosöl beträufeln und salzen.

Die Kichererbsen in einem Sieb abtropfen lassen. Auf dem zweiten Backblech verteilen und das übrige Kokosöl untermengen. Mit Salz, je 1 Prise
Knoblauchpulver, Basilikum, Kreuzkümmel und Cayennepfeffer bestreu-
en und vermischen. Die Bleche in den Ofen schieben und alles 10 Min.
backen. Herausnehmen, kurz durchmischen und weitere 15 Min. backen,
bis die Süßkartoffeln leicht gebräunt und die Kichererbsen golden sind.
Herausnehmen.

Inzwischen die Quinoa mit heißem Wasser abspülen und in einen Topf
geben. 900 ml Wasser und etwas Salz hinzufügen und umrühren. Die
Quinoa ca. 15 Min. köcheln lassen, bis sie das Wasser aufgesogen und
eine lockere Konsistenz hat. Vom Herd nehmen und
zugedeckt 5–10 Min. stehen lassen.

Für das Hummus die Kichererbsen in einem Sieb abtropfen lassen und in
den Mixer geben. Die Röstpaprika abtropfen lassen und dazugeben. Den
Knoblauch schälen, grob hacken und hinzufügen. Die Zitronenhälfte über
dem Mixer auspressen, Hanföl und Tahin sowie 1 Prise Kreuzkümmel,
etwas Salz und Cayennepfeffer dazugeben. Alles fein pürieren.
Falls nötig, etwas Wasser hinzufügen.

5

Den Feldsalat putzen, waschen, trocken tupfen und auf vier Schüsseln
verteilen. Die Paprika halbieren, Trennwände und Kerne entfernen, die
Hälften waschen und in Streifen schneiden. Die Avocados halbieren,
entkernen, schälen und in Scheiben schneiden. Die Mango schälen,
das Fruchtfleisch vom Stein und in schmale Spalten schneiden. Mango,
Avocado, Paprika, Rotkohl, Quinoa, Süßkartoffeln, Kichererbsen und
etwas Hummus auf dem Feldsalat in den Schüsseln anrichten,
das übrige Hummus extra dazu reichen.

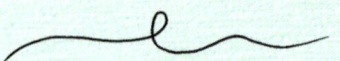

Veggie-Grillspaß

GEGRILLTER REGENBOGEN

CA. 1 STD. 10 MIN. | PRO PORTION CA. 535 KCAL, 9 G EW, 35 G F, 44 G KH

FÜR 4 PORTIONEN

2 Maiskolben, 1 EL Kräuterbutter, Salz, 8 dünne violette Möhren, 1 EL Olivenöl, 1 TL Honig, getrockneter Oregano, 1 gelbe Paprika, 1 großer
Zucchino, 200 g Kirschtomaten, 1 Fenchelknolle, ½ Ananas, 2 Avocados,
2 Knoblauchzehen, Cayennepfeffer, zarte Spinatblätter zum Garnieren
(nach Belieben), Holz- oder Metallspieße

Den Grill anheizen. Die Maiskolben waschen, trocken tupfen und mit
Kräuterbutter und Salz einreiben. In Alufolie einwickeln und am Rand des
Grills 25–30 Min. grillen, dabei regelmäßig wenden. Die Möhren putzen,
waschen und längs halbieren. Das Olivenöl mit dem Honig, etwas Salz
und 1 Prise Oregano mischen und über die Möhren geben. In Alufolie
einwickeln und 10–15 Min. grillen.

Die Paprika halbieren, Trennwände und Kerne entfernen, die Hälften
waschen und in breite Streifen schneiden. Von jeder Seite ca. 2 Min.
grillen. Den Zucchino putzen, waschen und schräg in ½ cm dicke Scheiben schneiden. Von jeder Seite ca. 2 Min. grillen. Die Tomaten waschen,
abtrocknen, auf die Spieße stecken und 3–4 Min. grillen.

Den Fenchel putzen, waschen und in ca. ½ cm dicke Scheiben schneiden. Auf den Rost legen und unter Wenden 8–10 Min. grillen. Die Ananashälfte schälen und in 1–2 cm dicke Scheiben schneiden, den Strunk nicht
enfternen. Die Ananasscheiben am Rand des Grills unter regelmäßigem
Wenden 5–7 Min. grillen. Die Avocados halbieren und entkernen, mit der
Schnittfläche nach unten auf den Rost legen und 3 Min. grillen.

Den Knoblauch schälen und sehr fein hacken. Alle Gemüse auf Tellern
anrichten und mit Knoblauch, Cayennepfeffer, Oregano und Salz würzen.
Nach Belieben mit Spinatblättern garnieren.

Zum gegrillten Regenbo-
gen schmeckt Kräuterbut-
ter oder das Paprika-Hum-
mus von Seite 95.

WUSSTEN SIE SCHON, DASS...

... Fenchel genauso
viel Kalzium enthält
wie Milch?

ZUCCHINIPASTA

mit Tomatensauce

CA. 40 MIN. | PRO PORTION CA. 380 KCAL, 8 G EW, 31 G F, 14 G KH

FÜR 4 PORTIONEN

Für die Sauce: 8 getrocknete Tomaten, 4 Tomaten, 1 Knoblauchzehe, 5 Stängel Basilikum, ½ Zitrone, 4 Datteln (entsteint), 4 EL Olivenöl, Salz, Pfeffer, **Für die Pasta:** ½ Gurke, 100 g Kirschtomaten, 1 Avocado, 5 Zucchini, 1 Handvoll schwarze Oliven (entsteint), 2 EL Sonnenblumenkerne

Für die Sauce die getrockneten Tomaten ca. 30 Min. in einer Schüssel mit warmem Wasser einweichen.

Inzwischen für die Pasta die Gurkenhälfte waschen oder schälen und in dünne Scheiben schneiden. Die Kirschtomaten waschen und halbieren. Die Avocado halbieren, entkernen, schälen und das Fruchtfleisch in Scheiben schneiden. Die Zucchini putzen, waschen und mit einem Spiralschneider zu Gemüse-Spaghetti schneiden.

Die Tomaten für die Sauce waschen und ohne die Stielansätze vierteln. Den Knoblauch schälen und halbieren. Das Basilikum waschen, trocken tupfen und die Blätter von 4 Stängeln grob hacken, übrige Blätter beiseitelegen. Alle Zutaten mit den eingeweichten Tomaten in den Mixer geben. Den Zitronensaft dazupressen. Die Datteln, das Öl und ca. 3 EL Wasser hinzugeben und alles fein pürieren. Mit Salz und Pfeffer abschmecken und bei Bedarf noch etwas Wasser hinzufügen.

Die Oliven in Scheiben schneiden. Die Zucchini-Spaghetti mit der Tomatensauce, dem Gemüse, den Oliven und Sonnenblumenkernen auf vier Tellern anrichten, mit den beiseitegelegten Basilikumblättern bestreuen und servieren.

TIPP

Mit Gemüse- oder Spiralschneidern können Spaghetti aus Zucchini oder Möhren produziert werden. Das geht aber auch mit Sparschäler, Julienneschneider oder Gemüsehobel. So erhalten Sie schnell glutenfreie, kalorienarme und nährstoffreiche Pasta!

RAW BUDDHA BOWL

CA. 30 MIN. | PRO PORTION CA. 525 KCAL, 11 G EW, 45 G F, 18 G KH

FÜR 4 PORTIONEN

Für die Bowl: ½ Rotkohl (ca. 400 g), 2 EL Sesamöl, 2 EL Apfelessig, Salz, 3 Möhren, 12 Radieschen, 300 g Romanesco, 2 Avocados, 1 rote Paprika, 1 Handvoll Mungobohnensprossen, 2 EL schwarzer Sesam (ersatzweise weißer), **Für die Sauce:** 1 Limette, 200 g Himbeeren, 2 EL Tahin (Sesampaste), 1 EL Sesamöl, 1 EL Honig, 2 EL Apfelessig, Salz, Pfeffer

Für die Bowl den Rotkohl waschen und fein raspeln. In einer Schüssel mit dem Öl, dem Essig, 3 EL Wasser und etwas Salz mischen. Beiseitestellen. Die Möhren und die Radieschen putzen und waschen. Die Möhren längs in dünne Streifen hobeln. Die Radieschen in dünne Scheiben schneiden. Den Romanesco waschen und in Röschen teilen. Die Avocados halbieren, entkernen, schälen und in Scheiben schneiden. Die Paprika halbieren, Trennwände und Kerne entfernen, die Hälften waschen und in schmale Streifen schneiden. Die Sprossen waschen.

Für die Sauce die Limette auspressen und die Himbeeren waschen. Beides mit allen anderen Zutaten sowie ca. 70 ml Wasser im Mixer oder mit dem Pürierstab fein pürieren. Das Gemüse und die Sprossen in den Schüsseln anrichten und mit der Sauce beträufeln. Die Bowls mit Sesam bestreuen und servieren.

... Betacarotin vor
Hauterkrankungen
schützt?

WUSSTEN SIE SCHON, DASS...

Stärkt mit Betacarotin!

MÖHRENSUPPE

CA. 50 MIN. | PRO PORTION CA. 200 KCAL, 6 G EW, 13 G F, 14 G KH
FÜR 4 PORTIONEN
1 Zwiebel, 1 Stück Ingwer (1 cm lang), 1 Apfel, 600 g Möhren, 1 EL Kokosöl,
600 ml Gemüsebrühe, 80 g Sonnenblumenkerne, 1 Handvoll Kresse,
1 Knoblauchzehe, Muskatnuss, Salz, Pfeffer

1

Zwiebel und Ingwer schälen und grob hacken. Apfel waschen, vierteln,
vom Kerngehäuse befreien und würfeln. Möhren putzen, waschen und
würfeln. Das Öl in einem Topf erhitzen und die Zwiebel darin ca. 5 Min.
dünsten. Ingwer dazugeben und bei kleiner Hitze 2–3 Min. dünsten.
Möhren- und Apfelwürfel hinzufügen und 3–4 Min. dünsten.

2

Die Brühe dazugießen, umrühren und aufkochen lassen. Die Suppe bei
kleiner Hitze ca. 20 Min. köcheln lassen. Inzwischen die Sonnenblumenkerne in einer Pfanne ohne Fett rösten. Kresse waschen und trocken tupfen, Knoblauch schälen, grob hacken und zur Suppe geben. Die Suppe
mit dem Pürierstab fein pürieren. Mit 1 Prise Muskatnuss, Salz und Pfeffer
abschmecken. Mit Sonnenblumenkernen und Kresse garniert servieren.

ROTE-BETE-RISOTTO

CA. 1 STD. | PORTION CA. 560 KCAL, 12 G EW, 21 G F, 74 G KH

FÜR 4 PORTIONEN

4 große Rote Beten, 3 EL Olivenöl, 1 EL Aceto balsamico, getrockneter Thymian, Salz, Pfeffer, 700 ml Gemüsebrühe, 1 Zwiebel, 1 Knoblauchzehe, 1 Zweig Thymian, 350 g Risottoreis, 100 ml Rotwein, 75 g Pecorino, 2 EL Butter

Den Backofen auf 200° vorheizen. Die Roten Beten waschen oder schälen, würfeln und in eine Schüssel geben. 2 EL Olivenöl, den Essig, etwas getrockneten Thymian, Salz und Pfeffer dazugeben und gut untermischen. Die Roten Beten auf einem mit Backpapier belegten Backblech verteilen und im Ofen (Mitte) ca. 45 Min. backen. Nach 20 Min. wenden.

Inzwischen die Brühe in einem Topf erwärmen. Die Zwiebel und den Knoblauch schälen und hacken. Den Thymian waschen und trocken tupfen. Das übrige Olivenöl in einem Topf erhitzen, Zwiebel und Knoblauch dazugeben und 2–3 Min. braten, bis sie leicht gebräunt sind. Den Thymian und den Reis hinzufügen und ca. 2 Min. unter Rühren andünsten, bis der Reis glasig wird. Mit dem Rotwein ablöschen. Sobald die Flüssigkeit verkocht ist, so viel Gemüsebrühe dazugeben, dass der Reis bedeckt ist.

Den Risotto bei mittlerer Hitze kochen, dabei nur ab und zu rühren. Inzwischen den Pecorino reiben. Sobald der Reis die Brühe aufgenommen hat, wieder so viel Brühe dazugeben, dass der Reis bedeckt ist. Er sollte nach 15–20 Min. schön cremig sein. Die Rote Bete aus dem Ofen nehmen und zwei Drittel mit der letzten Portion Brühe zum Reis geben. Den Pecorino und die Butter unterrühren.

Den Topf vom Herd nehmen und den Risotto zugedeckt 5 Min. ruhen lassen. Den Thymian entfernen, die restliche Rote Bete unterrühren und den Risotto auf tiefe Teller verteilen.

TIPP

Risotto wird klassisch mit Butter und Käse zubereitet. Er lässt sich aber auch vegan gestalten, indem man beides weglässt. Wer es dennoch besonders cremig mag, verwendet veganen Butterersatz.

WUSSTEN SIE SCHON, DASS…

… Thymian stark antibakteriell und entzündungshemmend wirkt?

MANGOLD-STECKRÜBEN-PFANNE

CA. 40 MIN. | PRO PORTION CA. 265 KCAL, 10 G EW, 15 G F, 22 G KH

FÜR 4 PORTIONEN

800 g Steckrüben, 1 Zwiebel, 2 Knoblauchzehen, 750 g Mangold,
3 EL Kokosöl, Salz, Pfeffer, 200 ml Gemüsebrühe, 1 rote Paprika, 1 gelbe
Paprika, 300 g Tomaten, 60 g Cashewkerne, 1 Zitrone, Currypulver,
Cayennepfeffer

1

Die Steckrüben schälen und würfeln. In einem Dämpfeinsatz über heißem Wasser je nach Größe 15–20 Min. dämpfen. Inzwischen die Zwiebel
und den Knoblauch schälen und sehr fein würfeln. Den Mangold waschen und trocken schütteln. 4 Blätter beiseitelegen, den Rest in dünne
Streifen schneiden. 2 EL Öl in einer großen Pfanne erhitzen, die Zwiebel
und den Knoblauch darin 2–3 Min. andünsten.

2

Die Mangoldstreifen dazugeben und ca. 5 Min. dünsten. Mit Salz und
Pfeffer würzen. Die Brühe hinzufügen, einmal aufkochen, dann ca. 4 Min.
köcheln lassen. Die Paprika halbieren, Trennwände und Kerne entfernen,
die Hälften waschen und in Streifen schneiden. Die Tomaten waschen
und ohne die Stielansätze würfeln. Beides zum Mangold geben und
4–6 Min. mitkochen, bis die Paprika gar, aber noch bissfest ist.

3

Die Cashewkerne in einer Pfanne ohne Fett unter Rühren ca. 3 Min. rösten, herausnehmen und nach Belieben grob hacken. Die Zitrone halbieren und auspressen. Die Mangold-Paprika-Pfanne mit Zitronensaft, je
1 Prise Currypulver und Cayennepfeffer sowie Salz würzen. Vier Schüsseln
mit je 1 rohen Mangoldblatt auslegen und alle Gemüse darauf verteilen.
Mit den Cashewkernen garnieren und servieren.

GESUNDHEITS-PLUS

Steckrüben hatten lange Zeit den Ruf, nur als Notnahrung
oder Viehfutter zu taugen. Mittlerweile feiern sie ihr Come-
back: Sie schmecken leicht süßlich und nussig, sättigen
gut, sind dabei kalorienarm (29 kcal/ 100 g) und enthalten
Kalzium, Kalium, B-Vitamine und Vitamin C.

KÜRBIS-FRITTATA

mit Brunnenkresse

CA. 20 MIN. | 35 MIN. BACKEN | PRO PORTION CA. 270 KCAL, 15 G EW, 16 G F, 18 G KH

FÜR 1 TARTEFORM (∅ 26 CM)

½ Hokkaidokürbis (ca. 500 g), 8 Eier, 4 EL Kokosmilch, Salz, Pfeffer,
60 g Brunnenkresse, 2 Frühlingszwiebeln, 1 Knoblauchzehe,
Chiliflocken (nach Belieben), 1 EL Kokosöl

Den Kürbis putzen, waschen und mit der Schale in kleine Stücke schneiden. In einem Dämpfeinsatz über kochendem Wasser in 8–12 Min. weich dämpfen. Den Backofen auf 180° vorheizen.

Inzwischen die Eier in einer Schüssel mit der Kokosmilch, Salz und Pfeffer verquirlen. Die Brunnenkresse waschen, trocken tupfen und grob hacken. Die Frühlingszwiebeln putzen, waschen und in feine Ringe schneiden. Den Knoblauch schälen und fein hacken. Frühlingszwiebeln, Knoblauch und nach Belieben Chiliflocken unter die Eier rühren. Eine Tarteform mit dem Kokosöl einfetten.

Die gedämpften Kürbisstücke und die Brunnenkresse gleichmäßig in der Form verteilen. Die Eiermischung daraufgießen. Die Frittata im Ofen (Mitte) 30–35 Min. backen. Sie soll in der Mitte fest und an den Rändern leicht gebräunt sein. Die Kürbis-Frittata herausnehmen, in Stücke schneiden und servieren oder abgekühlt genießen. Sie kann zugedeckt im Kühlschrank bis zu 5 Tage aufbewahrt werden.

GESUNDHEITS-PLUS

Brunnenkresse – auch Wasserkresse – kann fast ganz-
jährig geerntet werden und ist deshalb gerade im Herbst
und Winter eine sinnvolle Ergänzung des Speiseplans. Sie
unterstützt die Verdauung und hilft bei verschleimten Atem-
wegen. Geschmacklich erinnert sie an Rettich, leicht scharf
und würzig. Die dafür verantwortlichen Gerb- und Bitterstoffe
wirken sich positiv auf unser Immunsystem aus. Darüber
hinaus enthält Brunnenkresse 17 Vitamine und Mineralstoffe
wie Kalium, Eisen, B-Vitamine, Vitamin C und Folsäure.

BUCHWEIZEN-BOWL

mit Halloumi

CA. 45 MIN. | PRO PORTION CA. 910 KCAL, 30 G EW, 63 G F, 53 G KH

FÜR 4 PORTIONEN

Für die Bowl: 200 g Buchweizen, Salz, 500 g Brokkoli, 20 Radieschen, 3 Tomaten, 1 Gurke, 80 g Rucola, 1 Glas Kichererbsen (210 g Abtropfgewicht), 120 g schwarze Oliven (entsteint), 250 g Halloumi, 1 EL Olivenöl, **Für das Dressing:** ½ Bund Minze, ½ Bund Petersilie, ½ Knoblauchzehe, 100 ml Olivenöl, 3 EL weißer Aceto balsamico, 5 EL Tahin (Sesampaste), 1 EL Honig, Salz, Pfeffer

Für die Bowl den Buchweizen mit warmem Wasser abspülen. Mit 400 ml Wasser und 1 Prise Salz in einen Topf geben und zugedeckt 10–12 Min. köcheln lassen, bis er das Wasser vollständig aufgesogen hat und weich ist. Vom Herd nehmen und 10 Min. zugedeckt stehen lassen. Mit einer Gabel auflockern.

Inzwischen den Brokkoli waschen, in Röschen teilen und in einem Dämpfeinsatz über etwas Wasser 10–15 Min. dämpfen. Die Radieschen putzen, waschen und in feine Scheiben schneiden. Die Tomaten waschen und würfeln, die Stielansätze entfernen. Die Gurke waschen oder schälen und ebenfalls würfeln.

Für das Dressing Minze und Petersilie waschen, trocken tupfen und grob hacken. Den Knoblauch schälen. Kräuter und Knoblauch mit den restlichen Zutaten mit dem Pürierstab zu einem cremigen Dressing pürieren.

Den Rucola waschen, trocken tupfen und vier Schüsseln damit auslegen. Brokkoli, Gurken, Tomaten und Kichererbsen darauf verteilen. Die Oliven halbieren und hinzufügen. Den Buchweizen dazugeben. Den Halloumi in dicke Scheiben schneiden. Das Öl in einer Pfanne erhitzen und den Halloumi darin von beiden Seiten in 2–3 Min. leicht braun braten. Auf die Bowls verteilen und das Dressing darübergeben.

GESUNDHEITS-PLUS

Der Name ist irreführend: Buchweizen ist ein Pseudoge-
treide, das heißt, wir verwenden ihn wie Getreide, obwohl
er botanisch nicht dazu gehört. Buchweizen ist ein Knöte-
richgewächs und mit Rhabarber verwandt. Er hat eine sehr
hohe Nährstoffdichte, ist reich an Kalium, Kalzium, Eisen,
Magnesium, Vitamin E und B-Vitaminen. Außerdem enthält
er Kieselsäure, ein wahres Wundermittel für Haut und Haare.
Buchweizen eignet sich gut für die glutenfreie Ernährung.

VEGGIE-STIR-FRY

CA. 1 STD. | PRO PORTION CA. 405 KCAL, 12 G EW, 12 G F, 62 G KH

FÜR 4 PORTIONEN

200 g Natur-Reis, Salz, 60 ml Sojasauce, 2 EL Gemüsebrühe, 1 EL Kokosblütenzucker, 1 EL Maisstärke, 1 Stück Ingwer (2 cm lang), 1 Chilischote,
1 Zwiebel, 1 Knoblauchzehe, ½ rote Paprika, ½ gelbe Paprika, 1 Zucchino,
200 g Babymais (aus dem Glas), 300 g Brokkoli, 2 EL Erdnussöl,
4 Stängel Koriandergrün, 2 EL schwarzer Sesam (ersatzweise weißer)

Den Reis waschen und in 500 ml leicht gesalzenem Wasser zugedeckt
30–40 Min. köcheln lassen. Inzwischen Sojasauce, Gemüsebrühe,
Kokosblütenzucker, Maisstärke und ca. 3 EL Wasser in einer Schüssel vermischen. Den Ingwer schälen, fein hacken und dazugeben. Die Chilischote halbieren, entkernen, die Hälften waschen und fein hacken. Ebenfalls
hinzufügen. Alles mischen und beiseitestellen.

Die Zwiebel und den Knoblauch schälen und fein würfeln. Die Paprikahälften von Trennwänden und Kernen befreien, waschen und in Würfel
schneiden. Den Zucchino putzen, waschen und ebenfalls in Würfel
schneiden. Den Babymais abtropfen lassen und halbieren, den Brokkoli
waschen und in Röschen teilen.

Das Öl in einer Pfanne oder im Wok erhitzen. Die Zwiebel und die Paprika
dazugeben und ca. 3 Min. anbraten. Den Knoblauch hinzufügen und
3–4 Min. unter Rühren braten. Die Zucchiniwürfel dazugeben und 2 Min.
mitbraten. Babymais und Brokkoli hinzufügen und 2–3 Min. unter Rühren
braten. Die Sauce dazugeben und ca. 2 Min. köcheln lassen, bis sie dick-
flüssig ist. Alles bei mittlerer Hitze köcheln, bis das Gemüse gar, aber
noch bissfest ist. Den Koriander waschen, trocken tupfen und die Blätter
abzupfen. Den Reis auf tiefe Teller oder Schüsseln verteilen, das Veggie-
Stir-Fry darauf anrichten und mit Koriander und Sesam garnieren.

Sättigend und entwässernd

PILZ-PASTA

mit Spargel

CA. 50 MIN. | PRO PORTION CA. 535 KCAL, 21 G EW, 20 G F, 68 G KH

FÜR 4 PORTIONEN

400 g Vollkorn-Farfalle, Salz, 400 g grüner Spargel, 1 Schalotte, 2 Knoblauchzehen, 400 g weiße Champignons, 2 EL Olivenöl, Pfeffer, 2 EL Butter, 60 g Sahne, 120 g Rucola, 4 Radieschen, ½ Bund Schnittlauch, Pfeffer (nach Belieben)

Die Nudeln in Salzwasser nach Packungsanweisung ca. 10 Min. kochen. Inzwischen den Spargel waschen, die holzigen Enden abschneiden und die Stangen im unteren Drittel schälen. Dann in je 6 Stücke schneiden und in einem Dämpfeinsatz über heißem Wasser 5–7 Min. dämpfen.

Die Schalotte und den Knoblauch schälen und fein hacken. Die Pilze putzen, trocken abreiben und würfeln. Das Öl in einer Pfanne erhitzen und die Pilze darin 2–3 Min. unter Rühren anbraten. Die Schalotte und den Knoblauch dazugeben und alles 4–5 Min. braten. Salzen und pfeffern, die Butter hinzufügen und aufschäumen lassen. Mit der Sahne ablöschen und ca. 3 Min. sanft köcheln lassen. Die Nudeln in ein Sieb abgießen und abtropfen lassen.

Den Rucola waschen, trocken schütteln und auf vier Schüsseln oder tiefe Teller verteilen. Die Radieschen putzen, waschen und in feine Scheiben schneiden. Den Schnittlauch waschen und in feine Röllchen schneiden. Die Nudeln auf dem Rucola verteilen, den Spargel und die Pilz-Sahne-Sauce daraufgeben und die Pasta mit Radieschen und Schnittlauch garnieren. Nach Belieben mit Pfeffer würzen und servieren.

GESUNDHEITS-PLUS

»Nahrung der Götter« oder »König des Gemüsereichs« – die großartigen Nährwerte des Spargels rechtfertigen diese Namen durchaus: Er ist reich an Folsäure, einem Mineral, das in der Schwangerschaft besonders wichtig ist. Außerdem ist er eine der besten pflanzlichen Quellen für Vitamin B2 (auch Riboflavin genannt). Es ist für den Sauerstofftransport im Blut und für die Hautgesundheit essenziell. Studien zufolge hilft Riboflavin außerdem auch gegen Kopfschmerzen und vermindert die Stärke von Migräneanfällen. Das im Spargel enthaltene Asparagin ist zudem verantwortlich für die entwässernde Wirkung – und für den eigenartigen Uringeruch nach dem Spargelgenuss.

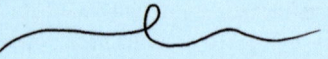

Gesund & Yummy!

BLUMENKOHL-BURGER

CA. 1 STD. | PRO PORTION CA. 865 KCAL, 27 G EW, 28 G F, 119 G KH

FÜR 4 PORTIONEN

Für die Burger: 400 g Blumenkohl, 1 Knoblauchzehe, Muskatnuss, Salz, Pfeffer, 2 Handvoll Rucola, 1 Möhre, 1 Tomate, ⅓ Gurke, 2 Eier, 120 g Vollkorn-Dinkelmehl, 60 g Haferflocken, 2 EL Kokosöl, 80 g Semmelbrösel, 4 Vollkornbrötchen, **Für die Wedges:** 700 g Süßkartoffeln, 2 EL Olivenöl, Kreuzkümmel, Paprikapulver, getrocknetes Basilikum, Salz, **Für die Sauce:** 100 g Cashewkerne, 50 ml Rote-Bete-Saft, Currypulver, Salz

1

Für die Burger den Blumenkohl waschen, in Röschen teilen und in einem Dämpfeinsatz über heißem Wasser ca. 10 Min. dämpfen, bis er gar ist. Inzwischen für die Wedges den Backofen auf 225° vorheizen. Süßkartoffeln waschen und in Wedges (Spalten) schneiden. In einer Schüssel mit dem Öl, den Gewürzen und Salz mischen. Auf einem mit Backpapier belegten Backblech verteilen und im Ofen (Mitte) 20–25 Min. backen.

Den Blumenkohl abgießen und kalt abschrecken. Den Knoblauch schälen und fein hacken. Beides in einer Schüssel mit etwas Muskatnuss, Salz und Pfeffer zerstampfen. Etwas abkühlen lassen.

Für die Sauce die Cashewkerne mit dem Rote-Bete-Saft, etwas Currypulver und Salz im Mixer fein pürieren. Falls nötig, etwas Wasser hinzufügen, bis eine eher zähflüssige, cremige Sauce entsteht. Beiseitestellen.

Den Rucola waschen und trocken schütteln, die Möhre putzen, waschen und auf der Küchenreibe in lange Streifen raspeln. Die Tomate waschen und ohne Stielansatz in Scheiben schneiden. Die Gurke waschen oder schälen und in dünne Scheiben schneiden.

5

Eier, Mehl und Haferflocken zum Blumenkohl geben und untermengen. Die Mischung mit den Händen zu 4–6 Frikadellen formen. Das Öl in einer großen Pfanne erhitzen, die Frikadellen in den Semmelbröseln wenden und im Öl von jeder Seite 3–5 Min. braten. Die Brötchen halbieren und alle Schnittflächen mit Sauce bestreichen. Die unteren Hälften mit Rucola belegen. Je 1–2 Frikadellen daraufgeben und mit Tomaten- und Gurkenscheiben sowie Möhrenraspeln belegen. Die oberen Brötchenhälften auflegen und die Burger mit den Süßkartoffel-Wedges servieren.

Entzündungshemmend

ROTE BETE AUF HIRSEBETT

mit Kurkuma

CA. 45 MIN. | PRO PORTION CA. 515 KCAL, 12 G EW, 24 G F, 61 G KH
FÜR 4 PORTIONEN
250 g Hirse, Salz, 1 Zwiebel, 800 g Rote Bete, 1 EL Kokosöl, 300 ml Gemüsebrühe, 6 getrocknete Curryblätter, 6 Stängel Koriandergrün, 400 g Kokosmilch, 2 TL Johannisbrotkernmehl, 1 Knoblauchzehe, 1 Stück frische Kurkuma (1 cm lang; ersatzweise ½ TL gemahlene Kurkuma), 2 TL Agavensirup, Salz

Die Hirse in einem Sieb gründlich abspülen und mit 500 ml Wasser in einem Topf zum Kochen bringen. Sobald das Wasser kocht leicht salzen, die Hitze reduzieren und die Hirse bei sehr kleiner Hitze ca. 20 Min. ausquellen lassen.

Inzwischen die Zwiebel schälen und würfeln. Die Roten Beten putzen und waschen oder schälen und in ca. 1 cm große Würfel schneiden. Das Öl in einem Topf erhitzen und die Zwiebel darin 3–4 Min. dünsten, bis sie glasig wird. Die Roten Beten dazugeben und 2–3 Min. dünsten. Die Gemüsebrühe dazugießen und aufkochen lassen. Die Curryblätter hinzufügen und alles einmal umrühren. Bei kleiner Hitze 20–25 Min. köcheln lassen, bis die Roten Beten gar sind.

Den Koriander waschen und trocken tupfen, die Blätter abzupfen und zwei Drittel zu den Roten Beten geben. Die Kokosmilch unterrühren. Das Johannisbrotkernmehl durch ein Sieb dazugeben und unterrühren. Das Ganze einmal aufkochen lassen und den Topf vom Herd nehmen.

Den Knoblauch schälen, fein hacken und dazugeben. Die Kurkuma schälen, fein reiben und ebenfalls hinzufügen. Mit Agavensirup und Salz abschmecken. Die Hirse auf vier Teller verteilen und die Roten Beten darauf anrichten. Mit dem übrigen Koriander garnieren und servieren.

GREEN VEGGIE-BOWL

CA. 25 MIN. | 20 MIN. BACKEN | PRO PORTION CA. 520 KCAL, 18 G EW, 39 G F, 23 G KH

FÜR 4 PORTIONEN

Für das Gemüse: 400 g Brokkoli, 2 Baby-Pak Choi, 300 g Rosenkohl, 2 EL Sesamöl, 1 EL Tamari-Sojasauce, 300 g TK-Erbsen, 1 Avocado, 2 Frühlingszwiebeln, 2 EL schwarzer Sesam (ersatzweise weißer),
Für den Pastinakenreis: 300 g Pastinaken, 2 TL Hefeflocken, Salz,
Für die Sauce: 100 g Joghurt, 4 EL Tahin (Sesampaste), 3 EL Rote-Bete-Saft, 1 EL Sesamöl, 1 Limette, 2 TL Agavensirup, Salz, Pfeffer

1

Für das Gemüse den Backofen auf 200° vorheizen. Brokkoli, Pak Choi und Rosenkohl putzen und waschen. Den Brokkoli in Röschen teilen, den Strunk schälen und fein würfeln. Pak Choi und Rosenkohl halbieren. Alles in eine ofenfeste Form geben. Sesamöl und Sojasauce dazugeben und untermischen. Das Gemüse im Ofen (Mitte) ca. 15 Min. backen, die Erbsen dazugeben und alles weitere 5 Min. garen.

2

Inzwischen für den Pastinakenreis die Pastinaken schälen, waschen und klein schneiden. In der Küchenmaschine mit den Hefeflocken, Salz und ca. 2 EL Wasser zu einer reisähnlichen Konsistenz zerkleinern. Alternativ können die Pastinaken auch von Hand klein geraspelt und mit Hefeflocken und Salz vermischt werden.

3

Für die Sauce den Joghurt mit Tahin, Rote-Bete-Saft, Sesamöl und 3 EL Wasser vermengen. Die Limette halbieren und den Saft dazupressen. Mit dem Agavensirup, Salz und Pfeffer abschmecken und gut verquirlen. Falls nötig, etwas Wasser hinzugeben.

4

Die Avocado halbieren und entkernen, die Hälften schälen und in Scheiben schneiden. Die Frühlingszwiebeln putzen, waschen und in Ringe schneiden. Den Pastinakenreis mit dem Gemüse und der Avocado in vier Schüsseln anrichten. Etwas Sauce dazugeben und die Frühlingszwiebeln und den Sesam daraufstreuen.

GESUNDHEITS-PLUS

Pastinaken – hinter dieser unscheinbaren Wurzel verbirgt sich ein wertvoller Nährstoffcocktail. Unter anderem enthalten sie den Ballaststoff Inulin, der als Präbiotika die Darmflora stabilisiert sowie Verdauungsprobleme reduzieren kann. Ihr ätherisches Öl wirkt zudem antibakteriell, zugleich versorgen sie uns mit Vitamin C, B-Vitaminen, Kalzium und Phosphor. Pastinaken schmecken leicht süßlich und nussig.

PAPRIKA MIT SPINAT-FETA-FÜLLUNG

CA. 40 MIN. | 35 MIN. BACKEN | PRO PORTION CA. 350 KCAL, 15 G EW, 26 G F, 13 G KH

FÜR 4 PORTIONEN

1 Zwiebel, 5 getrocknete Tomaten (in Öl), 300 g Blattspinat, 2 EL Olivenöl, 2 EL Tomatenmark, 150 g Schafskäse (Feta), 5 Stängel Basilikum, 1 Knoblauchzehe, 200 g Blumenkohl, 80 g Cashewkerne, Salz, Pfeffer, 2 gelbe Paprika, 2 rote Paprika, 2 EL schwarze Oliven (entsteint)

Die Zwiebel schälen und fein würfeln. Die getrockneten Tomaten klein schneiden. Den Spinat waschen, trocken schütteln und klein schneiden. Das Öl in einer Pfanne erhitzen, die Zwiebel kurz darin andünsten, die Tomaten dazugeben, das Tomatenmark hinzufügen und unterrühren. Alles unter Rühren 4–5 Min. dünsten. Den Spinat dazugeben und ca. 3 Min. dünsten. Den Schafskäse zerbröseln und die Hälfte hinzufügen. Alles gut verrühren und 1–2 Min. garen. Die Pfanne vom Herd nehmen.

Den Backofen auf 200° vorheizen. Das Basilikum waschen, trocken schütteln und fein hacken. Den Knoblauch schälen und fein hacken. Den Blumenkohl waschen, in Röschen teilen und in der Küchenmaschine zu Reisersatz zerkleinern. Basilikum, Knoblauch, Blumenkohl und die Cashewkerne in die Pfanne geben und alle Zutaten gut vermischen. Mit Salz und Pfeffer würzen.

Die Paprika halbieren, Trennwände und Kerne entfernen, die Hälften waschen und die Gemüsemischung auf die Hälften verteilen (übrige Gemüsemischung extra dazu servieren). Die Oliven klein schneiden und auf der Füllung verteilen. Den übrigen Schafskäse darüberstreuen. Die Schoten in eine große ofenfeste Form geben und so viel Wasser seitlich angießen, dass der Boden bedeckt ist. Die gefüllten Paprika im Ofen (Mitte) 30–35 Min. backen.

TIPP

Blumenkohlreis ist eine
Low Carb-Alternative zu
richtigem Reis, die oben-
drein noch voller Nährstoffe wie Vitamin C, Kalium
und Folsäure steckt.

RAINBOW-DESSERTS

GESUNDE ERNÄHRUNG UND DESSERTS, PASST DAS WIRKLICH ZUSAMMEN? UND WIE, SAGEN WIR, UND BEWEISEN ES IHNEN AUF DEN FOLGENDEN SEITEN. MIT EISCREMES, BÄLLCHEN, KUCHEN UND ROH-KOST-SCHLEMMEREIEN, DIE AUF INDUSTRIEZUTATEN VERZICHTEN UND STATTDESSEN MIT ANTIOXIDANTIEN, GUTEN FETTEN, NATÜRLICHEN AROMEN UND GANZ VIEL GESCHMACK PUNKTEN. SOULFOOD HOCH 3!

CHIA TROPICANA

CA. 20 MIN. | 2 STD. 15 MIN. KÜHLEN | PRO PORTION CA. 420 KCAL, 9 G EW, 19 G F, 47 G KH

FÜR 4 PORTIONEN

120 g Chia-Samen, 400 ml Kokosdrink, Steviapulver, 2 Bananen,
2 Mangos, 1 Granatapfel, 1 Pitahaya (Drachenfrucht), 1 Limette,
50 g Kokoschips

1

Die Chia-Samen in eine Schüssel geben. Den Kokosdrink und 1 Prise
Stevia dazugeben und kräftig verrühren. Die Mischung 15 Min. stehen
lassen, dabei regelmäßig umrühren, damit keine Klümpchen entstehen.
Danach zugedeckt mindestens 2 Std. in den Kühlschrank stellen.

2

Kurz vor dem Servieren die Bananen schälen und in Scheiben schneiden.
Die Mangos ebenfalls schälen und das Fruchtfleisch zunächst vom Stein
und dann in Streifen schneiden. Den Granatapfel vierteln und die Kerne
herauslösen. Das geht am besten in einer Schüssel mit Wasser, dann
spritzt es weniger. Die Pitahaya waschen und vierteln.

3

Den eingedickten Chia-Pudding aus dem Kühlschrank nehmen und auf
vier Gläser verteilen. Die Bananenscheiben, die Mangostreifen und die
Granatapfelkerne darauf schichten. Die Limette halbieren und über dem
Obst ausdrücken. Das Dessert mit den Kokoschips bestreuen und mit je
1 Pitahaya-Viertel garnieren. Achtung: Die Schale der Pitahaya
kann nicht mitgegessen werden.

── GESUNDHEITS-PLUS ──

Die Pitahaya gehört zu den Kakteengewächsen und hat ihre Ursprünge in Südamerika. Heute wird sie auch vermehrt in Asien angebaut. Die Blüte der Drachenfrucht gehört mit einem Durchmesser von bis zu 25 cm zu den größten der Welt. Noch etwas macht sie außergewöhnlich: Sie öffnet sich nur für eine Nacht und wird dann von Motten und Nachtfaltern bestäubt. Ebenso bemerkenswert ist ihr Geschmack. Im Gegensatz zu ihrem extravaganten Äußeren ist ihr Aroma sehr zurückhaltend, es erinnert leicht an Birnen, Erdbeeren und Kiwis. Ihre Samen regen die Verdauung an. Die Frucht enthält außerdem Vitamin C, B-Vitamine sowie Omega-3- und Omega-6-Fettsäuren.

ERDBEER-RHABARBER-CRUMBLE

mit Heidelbeercreme

CA. 20 MIN. | 50 MIN. BACKEN | PRO PORTION CA. 630 KCAL, 14 G EW, 42 G F, 48 G KH

FÜR 6 PORTIONEN

Für den Crumble: 300 g Rhabarber, 400 g Erdbeeren, 7 EL Kokosöl, 100 g Kokosblütenzucker, 100 g Walnusskerne, 100 g Mandeln, 300 g Haferflocken, 100 g Kokosraspel, **Für die Heidelbeercreme:** 100 g Heidelbeeren, 150 g Cashewkerne, 2 EL Agavensirup

Für den Crumble den Backofen auf 200° vorheizen. Den Rhabarber waschen, Fäden abziehen, falls vorhanden, und die Stangen in kleine Stücke schneiden. Die Erdbeeren waschen, das Blattgrün entfernen und die Beeren halbieren. Eine ofenfeste Form mit 2 EL Kokosöl einfetten. Den Rhabarber und die Erdbeeren hineingeben, 3 EL Kokosblütenzucker hinzufügen und alles locker vermengen.

Die Walnusskerne und die Mandeln grob hacken und in eine Schüssel geben. Den restlichen Kokosblütenzucker sowie die Haferflocken und die Kokosraspel hinzufügen. Alle Zutaten vermischen. Das übrige Kokosöl hinzufügen und rühren, bis sich alles gut vermischt hat. Die Mischung auf die Früchte in der Form geben und gleichmäßig verteilen. Den Crumble im heißen Ofen (Mitte) ca. 50 Min. backen, bis die Oberfläche gebräunt und knusprig ist.

Inzwischen für die Heidelbeercreme die Heidelbeeren verlesen, waschen und in den Mixer geben. Die Cashewkerne und den Agavensirup hinzufügen und alles zu einer cremigen Mischung pürieren. Falls nötig, etwas Wasser oder noch einige Cashewkerne dazugeben. Den Crumble aus dem Ofen nehmen, auf sechs Teller verteilen und mit 1 Klecks Heidelbeercreme garnieren. Sofort servieren.

WUSSTEN SIE SCHON, DASS…

… Hafer nach Hirse die eisenreichste Getreidesorte ist?

TIPP

Haferflocken sind ja ohnehin glutenarm, für eine glutenfreie Version können natürlich gezielt glutenfreie Haferflocken verwendet werden.

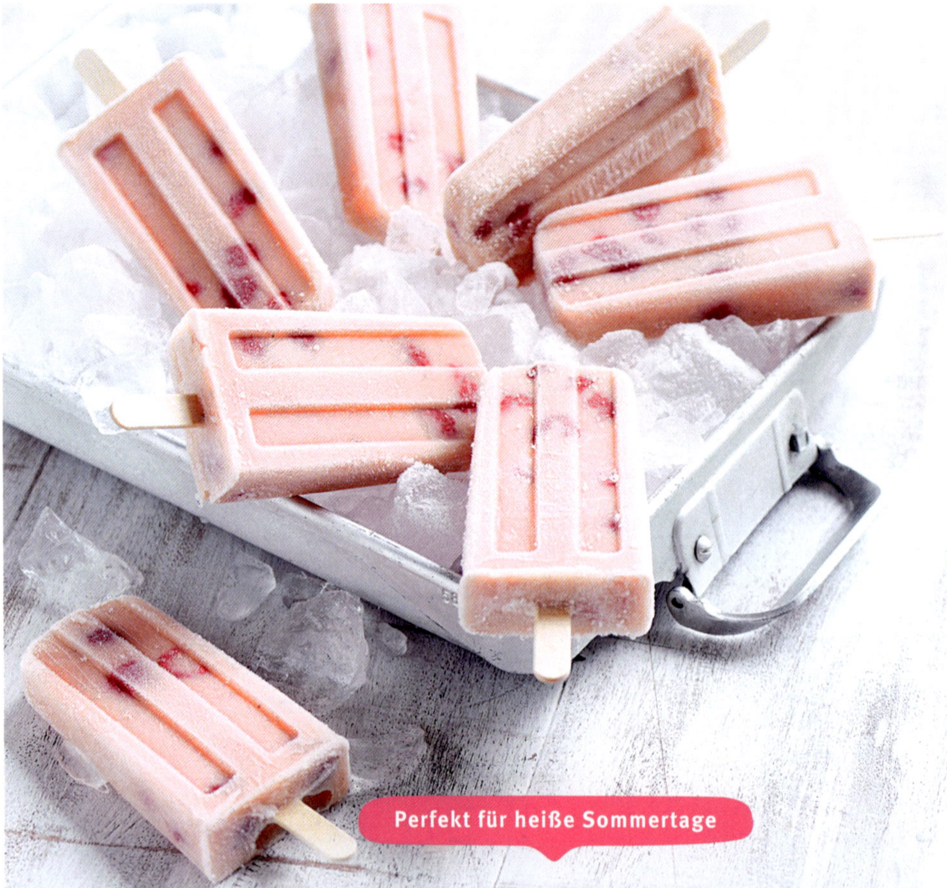

Perfekt für heiße Sommertage

BLUTORANGEN-EIS AM STIEL

CA. 15 MIN. | 6 STD. TIEFKÜHLEN | PRO STÜCK CA. 80 KCAL, 2 G EW, 2 G F, 14 G KH

FÜR 12 STÜCK

7 Blutorangen, 500 g Joghurt, 1 Vanilleschote, 100 g Honig, Meersalz, 100 g Himbeeren, 12 Eisformen (à 100 ml), 12 Eisstiele

1

Die Blutorangen halbieren und den Saft in eine Schüssel pressen. Den Joghurt dazugeben und beides vermischen. Die Vanilleschote längs halbieren und das Mark herauskratzen. Das Vanillemark, den Honig und 1 Prise Salz dazugeben und alle Zutaten gut vermischen. Die Himbeeren verlesen, waschen und vorsichtig unterheben.

2

Die Mischung in 12 Eisformen füllen und in das Tiefkühlfach geben. Nach 1 Std. herausnehmen und die Stiele hineinstecken. Das Blutorangen-Eis wieder in das Tiefkühlfach legen und ca. 5 Std. tiefkühlen.

TIPP

Steinfrüchte wie Pfirsiche wirken antientzündlich und können – Studien zufolge – Herz-Kreislauf-Erkrankungen vorbeugen.

Schnell, einfach – und so lecker

PFANNENPFIRSICH MIT JOGHURT

CA. 15 MIN. | PRO PORTION CA. 260 KCAL, 6 G EW, 10 G F, 35 G KH

FÜR 4 PORTIONEN

4 Pfirsiche, 2 TL Kokosöl, 3 EL Kokosblütenzucker, 50 g Pistazienkerne, 100 g Heidelbeeren, 2 EL Honig, 80 g griechischer Joghurt

Die Pfirsiche waschen, halbieren und entsteinen. Das Kokosöl in einer Pfanne erhitzen und die Pfirsichhälften darin mit der Schnittfläche nach unten ca. 2 Min. braten. Mit der Hälfte des Kokosblütenzuckers bestreuen, wenden und wieder 2 Min. braten. Mit dem übrigen Kokosblütenzucker bestreuen, wieder umdrehen und noch einmal 2 Min. braten. Inzwischen die Pistazien fein hacken, die Heidelbeeren verlesen, waschen und trocken tupfen.

Die Pfirsichhälften, die jetzt mit den Schnittflächen nach unten in der Pfanne liegen, mit dem Honig beträufeln. Karamellisieren und weitere 2 Min. braten, dann herausnehmen und je 2 Hälften auf einen Dessertteller legen. Etwas Joghurt, einige Pistazienstückchen und ein paar Heidelbeeren daraufgeben. Das Dessert warm servieren.

Vitalstoffreich naschen

FRUCHTIGE ROHKOST-TÖRTCHEN

CA. 20 MIN. | 1 STD. KÜHLEN | PRO STÜCK CA. 320 KCAL, 5 G EW, 10 G F, 49 G KH

FÜR 6 TARTELETTE-FÖRMCHEN (∅ 10 CM)

80 g Datteln (entsteint), 80 g Rosinen, 80 g getrocknete Feigen, 2 EL Kokosöl, 4 Bananen, 4 EL Chia-Samen, Zimtpulver, 100 g Erdbeeren, 1 Sternfrucht, 1 Kiwi, 6 Physalis, 2 EL Goji-Beeren, 2 EL Kakao-Nibs

Datteln, Rosinen und Feigen mit 1 EL Wasser in der Küchenmaschine zu einer groben, zähflüssigen Mischung zerkleinern. Tartelette-Förmchen mit dem Kokosöl einfetten. Die Trockenfrüchtemischung gleichmäßig auf die Formen verteilen, mit der Rückseite eines nassen Löffels verstreichen und etwas andrücken. Ca. 1 Std. kühl stellen.

Inzwischen für die Füllung die Bananen schälen und mit einer Gabel zerdrücken. Die Chia-Samen und 1 Prise Zimtpulver unterrühren und das Ganze ca. 30 Min. ruhen lassen. Inzwischen die Erdbeeren waschen, vom Blattgrün befreien und in Scheiben schneiden. Die Sternfrucht waschen und ebenfalls in Scheiben schneiden. Die Kiwi schälen, längs vierteln und die Viertel in Scheiben schneiden. Die Physalis aus der Hülle lösen, waschen und in kleine Würfel schneiden.

Die Böden vorsichtig aus den Förmchen nehmen und auf sechs Dessertteller setzen. Die Bananenfüllung daraufgeben und die Früchte dekorativ darauf verteilen. Mit den Goji-Beeren und den Kakao-Nibs garnieren.

TIPP

Für einen etwas weniger fruchtsüßen Teig können Sie nur je 50 g Trockenfrüchte verwenden und 90 g gemahlene Mandeln und 2 EL Wasser unterrühren. Nach Belieben noch etwas Zimt- oder Kakaopulver dazugeben.

─ GESUNDHEITS-PLUS ─

Rohe Kakao-Nibs sind eine wahre Liebeserklärung der Natur.
Sie besitzen einen besonderen Mix an Mineralien, Ome-
ga-6-Fettsäuren, Ballaststoffen und weit mehr Antioxidantien
als Rotwein oder grüner Tee. Die in der Kakaobohne enthal-
tenen Phenylethylamine, zudem Anandamit und Tryptophan,
wirken im Körper ähnlich wie Amphetamine: Sie steigern
unser Glücksempfinden. Der Koffein- und Theobrominge-
halt wirkt anregend und konzentrationssteigernd – das ist
Balsam für Körper, Seele und Gaumen.

Kinderleicht und gesund

RAINBOW AM SPIESS

mit Chia-Sauce

CA. 35 MIN. | PRO PORTION CA. 270 KCAL, 8 G EW, 4 G F, 48 G KH
FÜR 16 SPIESSE (4 PORTIONEN)
Für die Sauce: 2 EL Chia-Samen, 3 Bananen, 2 EL Weizengraspulver,
Für die Spieße: 16 dunkle Weintrauben (ersatzweise helle), 32 Heidel-
beeren, 2 Kiwis, ½ Ananas, ½ Cantaloupe-Melone, 16 Physalis,
16 Erdbeeren, 16 Metall- oder Holzspieße

Für die Sauce die Chia-Samen in 200 ml Wasser ca. 30 Min. einweichen
(falls Sie einen Hochleistungsmixer haben, ist das nicht nötig).

Inzwischen für die Spieße die Weintrauben waschen und trocken tupfen,
die Heidelbeeren verlesen, waschen und trocken tupfen. Die Kiwis
schälen und achteln. Die Ananashälfte schälen und in 16 Stücke schneiden. Die Melonenhälfte entkernen, schälen und ebenfalls in 16 Stücke
schneiden. Die Physalis aus der Hülle lösen und waschen. Die Erdbeeren
waschen und nach Belieben das Blattgrün entfernen.

Das Obst in folgender Reihenfolge auf die Spieße stecken: 1 Weintraube,
2 Heidelbeeren, je 1 Stück Kiwi, Ananas sowie Cantaloupe-Melone, 1 Physalis und 1 Erdbeere. Je vier Spieße auf einen Dessertteller legen.

Die eingeweichten Chia-Samen in den Mixer geben, die Bananen schälen
und mit dem Weizengraspulver dazugeben. Alles zu einer feinen Sauce
pürieren und zu den Fruchtspießen servieren.

... Bio-Trauben besonders viel vom Phytamin Resveratrol enthalten?

TIPP

Um die Spieße besonders hübsch zu gestalten, können Sie mit Plätzchenausstechern auch Herzen oder Sterne aus Ananas und Melone ausstechen. Gerade für Partys und Kindergeburtstage ein schnell zubereitetes Dessert mit Wow-Effekt.

Aktiviert die Selbstheilungskräfte

SPIRULINA-BÄLLCHEN

CA. 20 MIN. | PRO STÜCK CA. 75 KCAL, 2 G EW, 5 G F, 5 G KH

FÜR CA. 20 STÜCK

100 g Mandeln, 2 TL Spirulina-Pulver (Onlineversand), 4 EL Kokosraspel, Salz, 150 g Datteln (entsteint), 1 EL Kokosöl

1

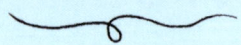

Die Mandeln in der Küchenmaschine zu Mehl verarbeiten. Das Spirulina-Pulver, 2 EL Kokosraspel und 1 Prise Salz hinzufügen. Die Datteln bei laufender Küchenmaschine nach und nach dazugeben. Das Kokosöl, falls es noch fest ist, kurz erwärmen. Dann hinzufügen und alles zu einer zähflüssigen Masse verarbeiten.

2

Die übrigen Kokosraspel in eine kleine Schale geben. Die Mischung mit den Händen zu ca. 20 walnussgroßen Bällchen formen. Diese nacheinander rundherum in den Kokosraspeln wälzen. Die Bällchen gleich naschen oder bis zu 1 Woche im Kühlschrank lagern oder tiefkühlen. Zu den Bällchen schmeckt die Chia-Sauce (siehe S. 132).

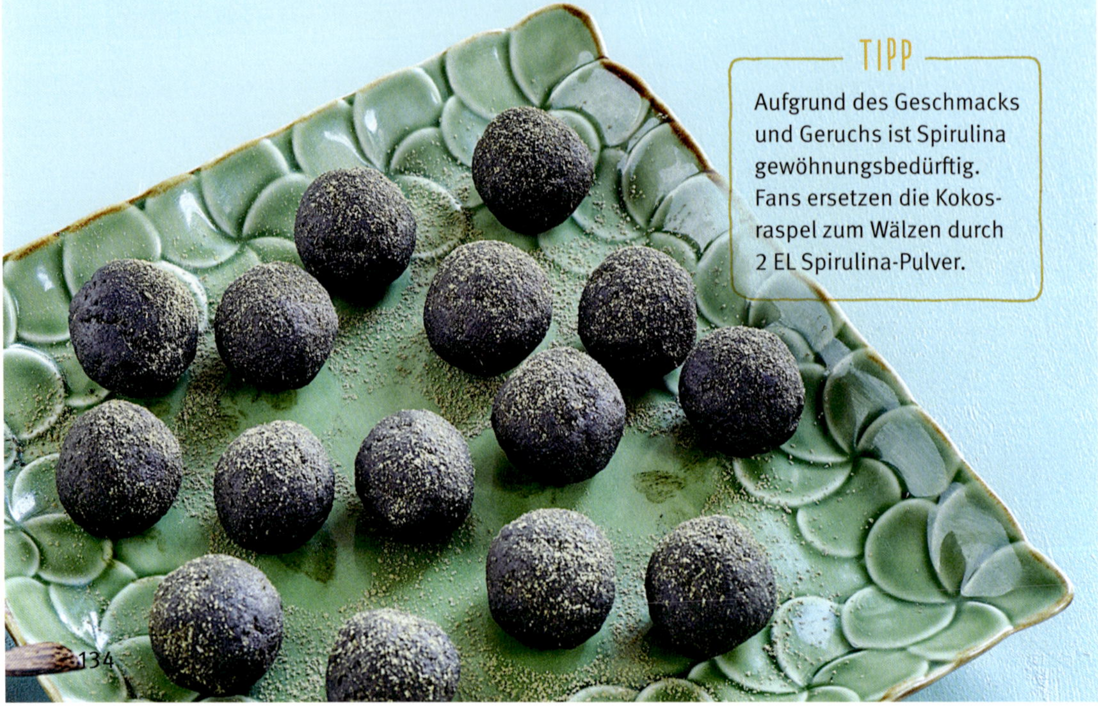

TIPP

Aufgrund des Geschmacks und Geruchs ist Spirulina gewöhnungsbedürftig. Fans ersetzen die Kokosraspel zum Wälzen durch 2 EL Spirulina-Pulver.

Erfrischender Sommergenuss

MANGO-SORBET MIT MINZE

CA. 15 MIN. | 6 STD. TIEFKÜHLEN | PRO PORTION CA. 90 KCAL, 1 G EW, 1 G F, 20 G KH

FÜR 4 PORTIONEN

2 reife Mangos, ½ Zitrone, 6 Stängel Minze, 2 EL Agavensirup

Die Mangos schälen, das Fruchtfleisch in Stücken vom Stein schneiden und in den Mixer oder einen hohen Rührbecher füllen. Die Zitronenhälfte auspressen und den Saft dazugeben. Die Minze waschen, trocken tupfen, grob zerkleinern und mit dem Agavensirup hinzufügen.

Alle Zutaten im Mixer oder mit dem Pürierstab fein pürieren. Falls nötig, etwas Wasser hinzufügen. Die Mischung in eine tiefkühlgeeignete Schüssel füllen, mit Frischhaltefolie abdecken bzw. den Deckel auflegen. Die Form in das Tiefkühlfach stellen und das Mango-Sorbet ca. 6 Std. tiefkühlen. Nach ca. 1 Std. mit einem Schneebesen umrühren. Diesen Vorgang so oft wiederholen, bis das Sorbet die gewünschte Konsistenz hat.

WUSSTEN SIE SCHON, DASS...

... das Menthol in der Minze für ihren kühlenden Effekt verantwortlich ist?

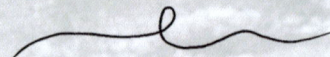
REGENBOGEN-JOGHURTEIS

am Stiel

CA. 25 MIN. | 5 STD. TIEFKÜHLEN | PRO STÜCK CA. 115 KCAL, 3 G EW, 1 G F, 22 G KH

FÜR 12 STÜCK

6 kleine reife Bananen, 300 g Joghurt, **Für die pinkfarbene Schicht:** 100 g Himbeeren, ½ Rote Bete (vakuumverpackt), 2 TL Honig (ersatzweise Agavensirup), **Für die violette Schicht:** 150 g Heidelbeeren, **Für die grüne Schicht:** ½ Mango, 1 kleine Handvoll Spinat, 1 TL Weizengraspulver, **Für die gelbe Schicht:** 1 Baby-Ananas, **Für die orangefarbene Schicht:** 1 Pfirsich, 1 Orange, **Für die rote Schicht:** 100 g Erdbeeren, 1 Stück Rote Bete (vakuumverpackt), **Außerdem:** 12 Eisformen (à 100 ml, ersatzweise 18 Formen à 75 ml), 12 Eisstiele

Für die pinkfarbene Schicht 1 Banane schälen, vierteln und mit 50 g Joghurt in den Mixer geben. Die Himbeeren verlesen und waschen, die Rote Bete grob zerkleinern, beides mit dem Honig und ggf. etwas Wasser in den Mixer geben. Alles cremig pürieren. In eine Schüssel umfüllen und den Mixbehälter säubern.

Für die violette Schicht 1 Banane schälen und vierteln, die Heidelbeeren verlesen und waschen. Beides mit 50 g Joghurt und ggf. etwas Wasser im Mixer cremig pürieren. Umfüllen und den Mixbehälter säubern.

Für die grüne Schicht 1 Banane schälen und vierteln. Die Mango schälen, das Fruchtfleisch vom Stein schneiden und würfeln, den Spinat verlesen, waschen und grob hacken. Alles mit 50 g Joghurt, dem Weizengraspulver und ggf. etwas Wasser im Mixer cremig pürieren. Umfüllen und den Mixbehälter säubern.

Für die gelbe Schicht 1 Banane schälen und vierteln. Die Ananas schälen und grob würfeln. Beides mit 50 g Joghurt und ggf. etwas Wasser im Mixer cremig pürieren. Umfüllen und den Mixbehälter säubern.

5

Für die orangefarbene Schicht 1 Banane schälen und vierteln, den Pfirsich waschen, entsteinen und vierteln. Die Orange schälen und vierteln. Alles mit 50 g Joghurt und ggf. etwas Wasser im Mixer cremig pürieren. Umfüllen und den Mixbehälter säubern.

6

Für die rote Schicht die übrige Banane schälen und vierteln, die Erdbeeren waschen, das Blattgrün entfernen und die Früchte halbieren. Mit der Roten Bete, dem übrigen Joghurt und ggf. etwas Wasser im Mixer cremig pürieren. In eine Schüssel umfüllen.

7

Für jede Farbe einen Löffel bereitlegen und die Eisformen befüllen: Zuerst eine pinkfarbene Schicht in die Form geben, gefolgt von violett, grün, gelb, orange und zum Schluss rot. Alle Formen auf diese Weise befüllen und in das Tiefkühlfach stellen. Nach ca. 1 Std. die Stiele einsetzen und das Eis dann mindestens 4 Std. tiefkühlen. Vor dem Genuss die Formen ca. 30 Sek. in lauwarmes Wasser stellen und das Eis herauslösen.

REGISTER

GESUNDHEITS-PLUS-INFOS

Appetit auf mehr?

IMPRESSUM

DIE AUTORIN

Chantal Sandjon ist Ernährungswissenschaftlerin und Rohkost-Enthusiastin. Ihre Begeisterung für die bunte Power der pflanzlichen Vitalstoffe teilt sie in Seminaren und Retreats. Sie ist Mutter einer kleinen Tochter, die Avocados und grüne Smoothies liebt. Bei GU sind zuletzt von ihr erschienen: *Abnehmen mit Smoothies* und *Rohkost für Einsteiger*. In diesem Buch sind die Rezepte nicht ausschließlich roh, nicht nur vegan, aber alle mehr als Yummy – für Auge, Bauch und Herz.

DER FOTOGRAF

Oliver Brachat ist ausgebildeter Koch und war viele Jahren als erfolgreicher Foodstylist tätig. Seit einiger Zeit widmet er sich ausschließlich der Foodfotografie. Viel Herzblut, ein hoher Qualitätsanspruch und der richtige Blick fürs Detail zeichnen ihn aus. In seinem Krefelder Studio drückt er überwiegend bei natürlichem Licht auf den Auslöser. Bei der Arbeit an diesem Buch haben ihn unterstützt: Torsten Hülsmann (Foodstyling) und Alina Scholten (Assistenz). Gemeinsam zauberten sie für uns schönstes Yummy-Bunt-Food mit Wow-Faktor.

Bildnachweis: Autorenfoto: privat, Titelbild: Ellie Bullen, Australien; alle anderen Fotos: Oliver Brachat, Krefeld.

© 2017 **GRÄFE UND UNZER VERLAG GmbH**, München

Syndication: www.seasons.agency

Projektleitung: Monika Greiner

Lektorat: Katharina Lisson, München

Korrektorat: Ulrike Wagner, Regensburg

Illustrationen: Ela Strickert, Hamburg

Satz: L42 AG, Berlin

Innenlayout, Typografie und Umschlaggestaltung: independent Medien-Design, Horst Moser, München

Herstellung: Susanne Mühldorfer

Repro: medienprinzen, München

Druck: Druck- und Medienzentrum F&W, Kienberg

Printed in Germany

ISBN 978-3-8338-5880-2

01. Auflage 2017

Umwelthinweis:

Dieses Buch ist auf PEFC-zertifiziertem Papier aus nachhaltiger Waldwirtschaft gedruckt.

Liebe Leserin, lieber Leser,

haben wir Ihre Erwartungen erfüllt? Sind Sie mit diesem Buch zufrieden? Haben Sie weitere Fragen zu diesem Thema? Wir freuen uns auf Ihre Rückmeldung, auf Lob, Kritik und Anregungen, damit wir für Sie immer besser werden können.

GRÄFE UND UNZER Verlag
Leserservice
Postfach 86 03 13
81630 München
E-Mail:
leserservice@graefe-und-unzer.de

Telefon: 00800 / 72 37 33 33*
Telefax: 00800 / 50 12 05 44*
Mo–Do: 9.00 – 17.00 Uhr
Fr: 9.00 – 16.00 Uhr
(gebührenfrei in D, A, CH)*

Ihr GRÄFE UND UNZER Verlag
Der erste Ratgeberverlag – seit 1722.

www.facebook.com/gu.verlag

Backofenhinweis:

Die Backzeiten können je nach Herd variieren. Die Temperaturangaben in unseren Rezepten beziehen sich auf das Backen im Elektroherd mit Ober- und Unterhitze und können bei Gasherden oder Backen mit Umluft abweichen. Details entnehmen Sie bitte Ihrer Gebrauchsanweisung.

GRÄFE UND UNZER

Ein Unternehmen der
GANSKE VERLAGSGRUPPE